YONG ZHIHUI
DIANLIANG JIAOXUE

用智慧点亮教学

段爱华 ◎ 著

- 识字教学
- 阅读教学
- 口语交际教学
- 习作教学
- 综合类

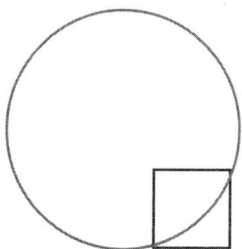

百花洲文艺出版社
BAIHUAZHOU LITERATURE AND ART PRESS

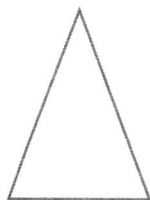

图书在版编目（CIP）数据

用智慧点亮教学 / 段爱华著. –– 南昌：百花洲文艺出版社，2020.12（2021.3 重印）

ISBN 978-7-5500-3916-2

Ⅰ.①用… Ⅱ.①段… Ⅲ.①小学语文课－教学研究 Ⅳ.①G623.202

中国版本图书馆CIP数据核字（2020）第219876号

用智慧点亮教学

段爱华　著

出 版 人	章华荣
策　　划	邹晓冬
责任编辑	余　茳　钟雪英
书籍设计	胡益民
制　　作	胡益民
出版发行	百花洲文艺出版社
社　　址	南昌市红谷滩区世贸路898号博能中心一期A座20楼
邮　　编	330038
经　　销	全国新华书店
印　　刷	江西千叶彩印有限公司
开　　本	720mm×1000mm　1 / 16
印　　张	14
版　　次	2020年12月第1版
印　　次	2021年3月第2次印刷
字　　数	210千字
书　　号	ISBN 978-7-5500-3916-2
定　　价	36.90元

赣版权登字　05-2020-228

邮购联系　0791-86895108
网　　址　http://www.bhzwy.com
图书若有印装错误，影响阅读，可向承印厂联系调换。

目 录

自序

2019年11月，教育部出台《关于加强和改进新时代基础教育教研工作的意见》（以下简称《意见》），明确了教学研究工作是保障基础教育质量的重要支撑。《意见》还强调了教研工作的主要任务是"服务学校教育教学，引领课程教学改革，提高教育教学质量；服务教师专业成长，指导教师改进教学方式，提高教书育人能力；服务学生全面发展，深入研究学生学习和成长规律，提高学生综合素质；服务教育管理决策，加强基础教育理论、政策和实践研究，提高教育决策的科学化水平"。作为一名教研员，如何立责于心，履责于行？我且思且行。

教研员要有高度的责任感，要有仰望星空的精神姿态，因为教研员的思想言行，会影响一定区域的教育教学生态。"取法乎上，仅得其中；取法乎中，仅得其下。"教研员不与时俱进，不勇立潮头，不用国家视野，甚至国际视野，实时、准确地把握课改前沿动态，就不能把先进的教育教学改革思想和改革理念及时传播给一线教师，便会导致教研员业务所辖区域教育教学的滞后。

"实践是检验真理的唯一标准。"理论脱离教学实际，不在学生的身上发生真实效应，那么，再好的理念也只是一种漂亮的说辞，不过是"镜中花""水中月"而已。教研员在仰望星空的同时，还要脚踏实地，务实笃行，深入课堂，问诊把脉，巧引妙拨，引领教师，用理念指导实践，用实践验证理念，以理念为帆，以实践为舟，乘风破浪，向着教学圣地进发进发再进发！

"以学生的发展为本，从教学的实际出发，坚持问题导向，靶向精准施策"，已经成了我教研工作的常态。为了更好地解决问题，我筛选和提炼问题，形成课题，组织开展课题研究；我灵活变通地组织开展形式多样的教研活动；我常常与老师们一道上观摩课或研讨课。

我最喜欢的教学姿态是"用思想行走"。"我思故我在"，无论是教研员还是一线教师，一旦对教学缺乏思考，必将导致教学的错位、缺位、越位，导致教学水平的低效。

所有教学工作者都是课程的参与者和建设者，教研员要引领老师做好教学研究，共同以研究者的眼光审视和剖析教学理论和教学实践中出现的各种问题，并进行深入的探讨和研究，对经验进行总结、梳理，从中发现教学规律……教研员要引领老师一道在精进不怠的思与行中，强化课程参与和建设能力，不断提升职业素养，形成各自独特的教学主张和教学风格。

教学是科学，是艺术，需要教学理论与技能，更需要教学智慧。教学智慧不是教学理论的代名词，也不同于教学技能。只有把教学理论的学习与教学实践的反思有机融合，才能趋向教学智慧的境界。教学智慧有创造性、内隐性、灵活性的特性，非由外铄，只能靠历练得到。

作为一名教研员，最难做的，不是获得多高的职称和荣誉，而是如何做到对老师教学状态和教育生命的充分关注、理解和呵护，并始终如一地在点点滴滴的工作中，为每一个学生和老师的成长，投之以美好的态度、习惯，用爱与智慧点亮教学，在教学相长中，成就学生、老师、自己更为精彩的人生。

于千万职业中，我钟情教育，挚爱教研，热爱老师和孩子们，几十年如一日……近二十年的教研路上，我且行且思，且学且悟，收获着，成长着……

本书实用性、指导性强，为的就是更好地服务于老师，服务于教学，服务于可爱的孩子们。

本书按照"识字教学""阅读教学""口语交际教学""习作教学""综合类"几个板块，序列化地编排，旨在引发老师从不同的角度、不同层面进行体系化的探究教学，寻求教学的智慧,洞见教学的真谛。这也算是一个教研员的履责行为吧。

尽管那么多老师为语文教学付出了艰辛劳动，但我们的语文教学常常是在指责中艰难前行的。面对指责，语文老师有不少的委屈和困惑。于漪老师认为，造成这种困境的原因之一，是当前的语文教育花头太多，"乱花迷眼"，令老师无所适从。语文教学要少一些花头，少一些文字游戏，多一些求真务实。《意见》强调"市、县级教研机构要重心下移，深入学校、课堂、教师、学生之中，紧密联系教育教学一线实际开展研究"。本书的内容，便是基于一线教学实际，理论与实践反思相结合而成，虽然是点状呈现，但每篇文章都在阐述对某种教学智慧的认知，希望、也相信对老师们的教学有所启示。

2020 年 10 月

第一辑／识字教学

用文化的视角教学汉字

"人生聪明识字始""蒙养之时，识字为先"。《义务教育语文课程标准（2011年版）》（以下简称《课标》）指出"识字写字是阅读和写作的基础，是第一学段的教学重点，也是贯串整个义务教育阶段的重要教学内容"。"一字一世界，一笔一乾坤""横平竖直皆风骨，撇捺飞扬是血脉"，汉字是音、形、义的结合体，具有丰富的文化内涵。瑞典语言学者林西莉对我国的汉字教育做了一番考察后，感慨："我惊奇地发现，即使一些受过很高教育的中国人对自己的语言的根也知之甚少。"这是不是意味着我们汉字文化教育的缺失呢？

当下的汉字教学，很多缺乏理性的思考，缺失学理依据，没有把住文化的根基，显得机械、枯燥，很难将汉字中承载的文化信息融入学生的思想情感里，更难根植到他们的生命里。那么，如何用文化的视角来引导学生识字呢？

一、要在汉字思维关照下开展识字教学

汉字是汉民族思维和传递信息的符号系统。在汉字思维的关照下的识字教学，首先要重视汉语言文字自身的特点，尊重儿童学习汉字的心理、生理特点，尊重儿童的认知规律。汉字思维关照下的识字教学基于理性思考，从汉字的本源和学习本体出发。鲁迅先生曾说，汉字有"三美"：音美以感耳，形美以感目，意美以感心。

（一）感汉字之形象美

在汉字教学的过程中，要充分让学生感悟、欣赏汉字的形象美。"书画同源"，中国绘画和中国书法关系密切，两者的产生和发展相辅相成。甲骨文没有出现之前，原始人类都是靠符号或者画图形来记事，这些图形符号基本刻在陶器、兽骨、石壁上。可见，汉字由记事符号和记事图画演变而成。比如"日""月""水""火""土"这些象形字，见字便能让人产生美好的物象联想。汉字无论是独体字还是合体字，

都具有图画美。汉字中有不少对称结构的字形，体现了中国文化独特的审美思维，如"林""从""炎"……他们由两个完全相同的字符组合而成，集合以后就产生一种新的意思，这种独特的对称形式，往往给人带来审美的愉悦。还有"品"字形结构的字，如"森""晶""众"等等，这样的结构不但有匀称的美，更有"三足鼎立"般的稳定的美。汉字的字形还有穿插美、谦让美、托举美……汉字各擅其美，汉字教学要用好方法，给足时间，让学生去感、去悟、去品，让这份承载着中华文化的美写在学生心里，熔铸在学生的生命里。汉字的字形教学，不要总是让学生机械地加一加、减一减，不要没有学理依据或没有字理依据地编一编。语文教师一定要有汉字的体系思维。

（二）感汉字之音乐美

每个汉字有自己的读音。汉字根据表达的需要连缀在一起，组成语句或段落，朗读时，阴平、阳平、上声、去声四个声调和轻声，自然形成高低起伏、抑扬顿挫的音乐之美。如果在此基础上，投入感情去朗读，或沉郁顿挫，或慷慨激昂。特别是诗词，讲究平仄和节奏，更具声律美。

在汉字教学的过程中，方法要灵活变通，因需择用。应充分利用朗读、吟诵等方法，让学生充分体会和欣赏汉字的音乐美，择机把要教学的汉字放在一定的语言情境中去，引导学生充分地用各种形式去读。

（三）感汉字之意蕴美

汉字的数量并没有准确数字，大约将近十万个（北京国安咨询设备公司汉字字库收录有出处汉字 91251 个），日常所使用的汉字只有几千字。据不完全统计，1500 个常用字能覆盖约 92％的书面资料，2000 字可覆盖 98％以上，3000 字时已到 99％。两三千字即能从古到今，关照各行业、各学科，变幻出数以亿计的文章、典籍。铁铮铮的事实证明了汉字意蕴的无穷。汉字何以具有如此丰厚的意蕴？第一，汉字在长期的演变中，不断浸染各时代的文化精神；第二，古人造字时就兼顾和融入了多元文化，关联了很多元素。如，汉字"九"是"天地之至数"，"九""久"谐音，象征永恒、喜庆；"君子和而不同"中的"和"，渗透着中国人几千年来待人接物的原则和智慧……这种咀嚼、品味、锤炼，让汉字的意境美沉淀到内心，衍生出一种只可意会不可言传的深层的陶醉和美感。

二、在汉字"十万个为什么"追问式学习中揭秘汉字的前世今生

不少汉字经历了"甲骨文－金文－小篆－隶书－楷书－草书－行书"的演变。有好些汉字的意义，也经历了变化，或丰富、分化了义项，或意义发生了根本性转变。在演变的过程中，因为表达的需要，会由一个母体性的字带出一个意义相近的字群。比如一个"看"字，就相继带出了"观、视、望、瞰、瞧、瞅、瞄、瞥、觑、窥"等一群字。汉字的"前世今生"是古人思维的结果、智慧的演绎和文化的表现，是教学的有效资源和有效抓手，可以引导学生通过对汉字"前世今生"的追问实施探究性学习。在追问中相机运用字源识字或字理识字法，看汉字在浩瀚的历史长河中是如何携着文化和智慧演变更迭的……这样的教学更有内涵，更能使学生在宏阔的文化背景、深邃的思维和无尽的遐想中学习汉字，充分感受汉字的魅力，感受汉字的人文内涵和丰盈的智慧，在汉字学习中融入文化的熏陶感染和品格的塑造。

三、根据汉字文化元素灵活识字方法

（一）故事识字法

根据汉字的文化元素，把生字编成故事来进行教学。如"休"字，一个人觉得乏了累了，正好看到路边有棵树，他就紧靠着树休息休息。再如"闻"，门里有个人，耳聪目明，又非常警觉，听到门外有动静，便在门里用耳朵认认真真听。会意字，大都可以通过讲故事的方式，体现形义的有机结合，既有趣味，又彰显了汉字的文化魅力。

（二）部件分解识字法

有些字笔画繁多，学生识写犯难，可以根据其所属造字法，合理进行部件拆分讲解，化解难度，减缓坡度。

（三）比较识字法

可以是今字与今字的比较。比如，相同形旁的形声字，或相同声旁的形声字，可以根据形旁或声旁的比较区分字义或字音。

还可以是今字与古字的比较。比如"降"字的甲骨文，左边是山崖，右边是两只脚，不过这两只脚的脚趾头是朝下的，"降"的意思就是"从山崖上落下来"。

学生可以在比较中还原到图形化的字体中，形象直观地去理解识记。

（四）猜谜识字法

拼音和汉字教学因为相对比较枯燥，而汉字教学任务最重的学段是自控力较差的第一学段学生，因此汉语拼音和汉字教学要多用游戏、活动的方式。猜谜语是学生喜闻乐见的一种游戏。很多汉字都可以编成谜语，让学生猜一猜，寓教于乐。

四、基于传统文化视角的识字

国学大师陈寅恪说："依照今日训诂学之标准，凡解释一字即是作一部文化史。"中国古汉语专家、北京大学教授何九盈有言："文字是文化的产物，又服务于文化，促进文化的发展，它自身又是文化的一部分。"汉字实乃中国文化的"活化石"。

五、目前识字教学忽视汉字文化性现状的分析

总体来说，表现在缺乏对汉字文化内涵的解读。意识决定行为，因为解读的缺失，教学行为也随之而缺失。

其一，汉字字形的解析，普遍行为是分析笔画、笔顺、偏旁结构等，字形之下隐含的文化背景和文化内涵很少涉及。

其二，汉字字义的学习，大都是肤浅的，缺乏对汉字意义演变过程中所蕴含的文化因素的关注，因而，汉字学习往往缺乏文化的厚重性，缺乏历史感，汉字文化的博大精深在教学中大打折扣。

其三，汉字应用重字音辨析、字形分析，轻字义在语言环境或工作学习场景中的灵活变通的思考与运用。汉字的灵活变通性在教学中折损了。

其四，练习大都是游离于文化之外的，机械的抄抄写写和简单的运用，不能把汉字与相关的文化知识或文化现象有机联系起来。

其五，识字教学的考核评价，忽略了对汉字文化教学效果的考核。

守护民族文化，从文化的视角教学汉字，是每一个语文教师的责任。如何从文化的视角教学汉字，是亟待研究的问题。

"理""趣"相携 提升识字教学效率

《课标》指出：识字写字是阅读和写作的基础，是第一学段的教学重点，也是贯串整个义务教育阶段的重要教学内容。识字教学的优劣，直接决定了学生的阅读和写作能力的高低，最终影响着学生良好语文素养的形成与否。因此，我们要遵循学生的认知规律、汉字的构字规律和语文的学习规律，努力探寻识字教学的有效策略。实践证明，"理""趣"相携是提升识字教学效率的有效策略。

一、知"理"明"趣"，把握教学特点

（一）知"理"

这里的"理"，指的是汉字的"字理"。汉字是表意文字，是音、形、义的结合体。每个汉字含有一定的文化意义，也就是含有一定的"字理"。汉字依据构字用字方法分为"象形字""指事字""会意字""形声字""假借字""转注字"六种。每个字的笔画、部件几乎是事物具体形态或状态的高度概括。因此，汉字具有"立象以尽义"的主要特征，我们观汉字之"象"则可知其意。比如象形字"山"，多像高低起伏的山脉呀。再比如会意字"众"，一看就会联想到人的数量之多。象形字、指事字和会意字，直观性强，形义联系明显，自然会让人由形产生义的联想。形声字数占汉字总数的 80% 以上，它是由形旁和声旁两部分按照一定的方法组成的合体字。它的形旁表义，声旁表音，音、形、义间有着一定的组合规律。毋庸置疑，每个汉字都有自己产生的背景和理据，是文化、思想和感情的载体。

这个"理"，还指运用"字理"进行识字教学的方法——"字理识字"。它是国家教育部推荐的七种主要识字方法之一，这种识字方法是根据汉字构字的表意性特点，从汉字构字原理上，对汉字的音、形、义之间的联系进行字理分析，从而使抽象的汉字变得形象生动，易于学生把握汉字的音、形、义以及它们之间的联系，牢记字的结构，加快识字的速度，培养想象力、发展思维，获得汉字文

化的熏陶感染。

（二）明趣

这里的"趣"指学生学习汉字的情趣。它是一种有内涵的情趣，是以"理"为基础，以"效"为关键的情趣。它是符合学生的心理特征和认知规律的情趣；是能真正激发学生的汉字学习热情的情趣；是能积极调动学生的内驱力，从而促进学生独自解析字理、研究规律的识字情趣。这种"趣"要靠汉字本身的魅力、识字环境的创设、识字教学策略和方法的运用来激发。

二、"理""趣"相融，提高识字效率

识字教学，要有"理"可据。如果不讲字理就等于丢了汉字文化的根，也就失去识字的最终目的与价值。遵从字理，教师要带领学生进行"形象感知"和"意义识记"，避免对汉字形体的机械割裂，避免想当然地因形害义，避免破坏汉字形义勾连之美，让学生真正地从中感受到汉字的文化内涵与魅力。

"人生聪明识字始"，立足新课标的理念和要求，汉字教学要做到对汉字的理性思维与科学认知，做到尊重汉字本身的特点，做到充分体现一个"理"字且能彰显情趣，做到让学生学得快乐而高效。

下面从知识发现、方法习得、兴趣先导三个方面介绍几种好的识字教学方法。

（一）析形索义、因义记形

只要依据字理析形索义、因义记形，所学的汉字就是有意义的识记，就能持久不忘，杜绝机械识记、死记硬背。如"大"字的教学，有不少老师只要学生能说出一横一撇一捺有三画，就送上表扬，认为目标达成。再如"男"字的教学，有的老师只要学生能说出"上下结构"、"'田'加'力'"就夸奖。老师若在学生这种纯表象、粗浅认知的基础上，进行更进一步的教学，就会有求浆得酒的收获。

比如 "大"字教学：教师带着学生把腿岔开，把手伸直，与肩平，和肩成一直线，让学生从而悟得——天大，地大，人亦大（清代段玉裁《说文解字注》），因此"大"像人形。

"男"字教学：联系古代男耕女织的时代背景，让学生明白"在'田'间出'力'劳作的是'男'的"。这样教学，就在不经意间渗透了字理知识，唤醒学生潜在的创造意识与想象能力，激发学生主动积极去探究、推究字理，进行自我建构意义的识记。

（二）"汉字变身"情境识字法

汉字中有不少有意义关联的形近字。我们可以根据字义的变化创设情境，让学生在情境中玩"汉字大变身"的游戏，知字义、识字形，提升识字的效率。比如，"火"字是象形字，是火焰燃烧的样子，可以在它旁边配上一幅火焰燃烧图，然后一步步创设情境，在情境中变换字形、识记字形：猎人打猎归来，把兽肉穿起来在火上烤（边讲解边出示情境图），这就是"炙"，它是会意字，上面部分表示"肉"，下面部分代表"火"，意思就是"肉在火上烤"；看一只短尾巴鸟飞来了，它不小心被"火"烧了，发出焦味（边讲边配情境图），"焦"会意字，上面部分表示"短尾巴的鸟"，下面部分表示"用火烤"，"焦"的本意就是"短尾巴鸟在火上烤"。在"以点带面"的拓展想象中，扩大认知："火"有时候变成了"灬"，如：热、烈、熟、烹、煮、煎、熬……这样就让学生领略到了汉字的无限魅力。

（三）故事讲演识字法

著名汉学家白乐桑说："汉字可以与汉语'没有关系'，它完全能够超越语言功能的桎梏，跳跃到无关语言交流的另一种维度。"虽然这话深奥难懂，但我们可以从中感受到汉字在岁月更替中积淀了厚重的文化。每一个汉字在演变的历史中都有自己的故事，这是汉字教学的资源。我们可以用"汉字讲故事"的方式组织汉字教学。比如"奇"和"夺"两字学生易混淆，可以用讲故事的方法辨一辨。

"奇"可以这样讲：甲骨文的我，是一个人站在一匹马的背上（出示配图，做动作），我原本就是表示人骑马；后来，在我的左边添了一个"马"字旁，就出现了现在"骑马"的"骑"，我现在主要表示"奇怪""奇特""与众不同"。

"夺"可以这样讲：繁体字的我（"奪"）可不简单，由"大""隹""寸"三个字构成，"隹"是鸟，"寸"是手，合起来就是用手捕捉那只上飞的大鸟，所以我有"用强力取得"的意思；简化后的我，意思是一样的。

汉字故事可有意思了，可以看看相关的书，也可以看看相关的电影、视频……

（四）图形识字法

文字有两大类：拼音文字和图形文字。世界各国使用的文字以拼音文字居多，我国的藏文、蒙文、维吾尔文也属拼音文字。生理学研究表明：拼音文字传导的是音、义两类信息，主要刺激大脑的左半球，称为"单脑文字"；像汉字这样的图形文字，形、音、义三类信息同时传导，同时刺激大脑左右两个半球，被称为"全脑文字"。我们可以遵从科学的认知，实施图像识字法的汉字教学。

图像识字法有两种路径。

路径一：根据汉字现在的样子进行图像识字法。出示文字和相关的图画，让学生进行对照，仔细观察，充分发挥想象力，根据字形、结合图画说一说，想一想，记一记。这样，直观形象的图片可以帮助学生识记字形，字形又赋予了图片丰富的内涵。学生通过自己的理解、想象，能把字的形义勾连起来，对汉字进行有理据的记忆，避免机械化的死记硬背。

路径二：追根溯源，在探究汉字来世今生的过程中，追溯汉字的起源，让汉字的形象之美更为清晰，更有利于学生根据字形传达的信息，理解和识记汉字。

（五）"找找朋友"来识字

汉字众多，造字的方法只有四种：象形、指示、会意、形声。我们可以根据造字法来找朋友。比如，老师出示"木"字旁，以"木字旁的字"为朋友，可以是课内的，也可以是课外的。先独自找，然后小组合作交流找。学生会找到许多不同造字法的"木字旁"的字：松、柏、林、杨、休、梨、枝、森、材……然后让学生说说形声字的特点（合体字，由形旁和声旁两部分组成，形旁表义，声旁表音），再来一次找朋友——形声字朋友。区别形声字和非形声字，有一定的难度。提醒学生，如果判断有困难，可以用查字典的方法把握其读音和意义后再行判断。老师可以相机让学生理解其他造字法的字的形义关联，学习知识，感受古人造字的智慧。如通过理解"休、林、森"等，理解会意造字法就是"用两个及两个以上的独体汉字，根据各自的含义组合成一个新的汉字"，再顺势找一找会意字朋友。

　　为了更好地激发学生的兴趣，提升教学的时效性，可以分组进行找朋友比赛，看看哪一组在限定的时间内找得更多。

　　从以上方法可知，识字教学要遵从字理，呵护汉字文化，以"效"为先，以"理"为重，辅以"情趣"。因"理"失"趣"，重"趣"弃"理"，都有失偏颇，都没有很好地兼顾汉字本身的特点和学习主体的需求，都是事倍功半的。

　　"理""趣"相依，"理""趣"相融，我们要循着汉字的源头去发现、尝试和完善更多更好的识字方法，用汉字教学的养料浇灌语文教学的沃土，培植苗壮的学生学语爱语之苗。

"火车"可以这样开

　　《课标》根据学生的年龄特点和认知规律，提出汉语拼音教学和识字教学宜多采用游戏活动的方式组织开展。游戏活动是低年级语文课堂常用教学方式。在识字教学里，"火车"开了好些年代了。这种传统游戏之所以能久传不衰，是因为有它的价值所在。那么，我们是否可以让这样的传统游戏出新意、提实效，更彰显其价值呢？

　　我们先来看看这个游戏的传统做法：按学生的座位，每一横排或每一竖列为一列"火车"，老师手举写有生字或新词的卡片，从左到右或从右到左，从前往后或从后往前，一人一卡挨个往下读。有时也会来个"开火车"比赛，比比哪列火车开得又稳又快。在这整个过程中，学生个个精神振奋、兴致高昂，热情一浪高过一浪，但在短暂的游戏过后，学生的识字状况却得不到很大的改善，原因何在？因为这样开火车，只是一种走过场、表层化的教学，既不能关注好全体学生，又无法突出识字的重点，也无法突破识字的难点，最终效果自然达不到理想状态。但要是能借助这一游戏集体性强的特点，运用策略开展游戏，以游戏为依托，"同列火车"的学生优势互补、互助共进，学生的识字状况，尤其是学困生，就能比游戏前更胜一筹。

　　策略一：生生合作，立足字音，面向全体。先确定各列火车的人员，宣布游戏规则——"开火车"比赛认读生字新词，如果哪列"火车"出现错读或读不出的现象就算自动退出比赛；顺利抵达终点的"火车"，读得最正确、最流利的胜出。在明确规则的前提下，给足时间，让全体学生以"火车"为单位合作，互助读生字新词。由于好胜心的驱使，学生都希望自己的"火车"能摘得桂冠，学优生怕因学困生而输掉比赛，便会使出浑身解数帮助学困生。这样，学优生转换成了老师的角色，一对一地教，教得认真，教得用心，学优生和学困生教学相长，使得全体学生都动起来了，真正做到了面向全体，而且整体的识字能力和水平均在各自的起点上得到了有效提升。待所有生字的读音基本上在全体学生的身上落实了，再将"火车"开一开。

策略二：生生合作，立足字形，落实全体。先强调比赛规则——"开火车"比赛，说说巧记字形的方法，一人一字往下说，每位学生所说的生字，由教师随机抽取；哪列"火车"出现"卡壳"现象，就算自动退出比赛；顺利开过的"火车"，好办法多的胜出。赛前让全体学生以"火车"为单位，充分合作，集思广益。虽然一人一字，但哪位学生说哪个字是无法预测的，任何一个生字都有可能会碰上。为了充分做好迎赛准备，学生们会竭尽所能，小脑瓜不停地转转转，你一言，我一语，你出一招，我献一计，调动思维、激发潜能，相互启发，相互借鉴，共同进步，智慧在碰撞中生成，方法在吸纳中叠加。在比赛规则的作用之下，学生们不遗余力地自我学习、互助学习，比较、梳理、筛选出最佳识记方法。这样，在比赛任务的驱动下，学生主动识记字形，不断自我提升。时机成熟，又将"火车"开一开。

策略三：生生合作，立足字义，落实全体。先宣布比赛规则（其他与策略二同，只是把比赛说生字字形的记忆方法转变为说生字字义），接着让学生充分地合作、交流、讨论，教师巡视指导，提醒学生，生字的意思不要死记硬背，要善于从汉字的结构特点中去理解，要联系生活去理解，要联系生活体验去理解，要结合阅读体验去理解，要在实际运用中去理解……可以用近义词解释，可以用自己的话解释，可以通过运用来表达自己的理解，总之，在小组合作中，要让所有学生把每一个同一类别字的意思都理解到位，而且能清晰表达出来。时机成熟，又将"火车"开一开。

"开火车"只是一种手段或者说是教学的媒介，比赛结果的高下之分不是目的，核心的要义是促进全体学生提高识字效率，在互帮互助中，省时高效把字识好。老师在学生学习的过程中要担任好组织者、引导者的角色，时刻把控课堂，注意观测动态，并适时予以辅助。

"火车"这样开，"火车"未动，学生先行，学生化被动为主动地学习，在自主学习中，体验到游戏带来的快乐，体验到自我成长、团结合作、携手共进的乐趣，也就实现了语文识字课堂教学运用"开火车"游戏的真正意义。

"苹果"怎样摘

　　"摘苹果"是识字教学的课堂中最传统最熟悉的识字教学游戏。我们常说要做有思想的老师，我们要用思想行走于教学，要虚心接纳，秉承优良，坚持守正，但也要敢于质疑，善于反思，敢于创新。我深入课堂听了不少识字课，看过不少"摘苹果"游戏，但能摘出好效果的鲜见。"摘苹果"识字游戏基本上是沿用传统做法：老师将正面或背面写有生字或新词的"苹果"，贴于黑板中的"苹果树"上。现在，信息技术辅助教学，"苹果树"可以用PPT，或用诸如希沃之类的云平台软件出示。紧接着让学生上台"摘苹果"。学生跃跃欲试，小手如林，老师开心地"点兵点将"，学生紧锣密鼓地上台"摘苹果"，几乎都是"无门槛"采摘：如果能正确认读"苹果"上的生字或新词，就算成功摘取了手中的"苹果"。"苹果"摘完了，游戏也就结束了。"摘苹果"的学生一个个心花怒放，但得到的只是一个假苹果而已。这对激发学生学习的兴趣不能说毫无作用，但收效太低。"苹果"一般是几个或十几个，上台"摘苹果"的学生太少，绝大部分学生只能当当看客。很多老师对"苹果"和"苹果树"会精心制作，描、画、剪，花费了大量时间精力准备教具，可一倏忽间，满树"苹果"就摘完了，因参与面太窄，检查反馈的面也肯定不足，付出和收效不成正比，且反差太大。

　　《课标》在关于识字、写字与汉语拼音教学的建议中指出，"汉语拼音教学要尽可能有趣味性，宜多采用活动和游戏的形式"。游戏要重"趣"，"趣"的目的是"效"，因此，游戏的目的要以"效"为根本。基于这样的思考，我对"摘苹果"游戏进行了改变，收效颇佳。先出示漂亮的"苹果树"诱一诱学生，宣布课堂上会用上"摘苹果"游戏，学生个个精神振奋，迫不及待。此时，不急于开始游戏，而是顺势而为，以游戏为诱饵，给予大量的时间和空间，让他们在由兴趣转化而来的内需力的驱动下，自觉、主动地巩固识字、拓展识字、提升识字，而后目的明确地分步推进游戏。

　　第一步：巩固识字。先让学生把所有的生字读熟练，并尝试着把所有生字的字形记住，规定谁读得最认真、记得最熟练，就请谁上台"摘苹果"。学生为了争取机会，自然个个认真读、用心记，老师巡视其中，让学生感觉到老师真正在寻找最认真的那一个，以此促进学生认真识记。再根据生字、词语的数量和识记难度系数大小，给予匹配的时间进行个体识记、小组互助完善识记。火候到了，请几位学生上台摘取其中的几个"苹果"。

第二步：拓展识字。让学生给生字找字形相近的"朋友"，并设法把所有找出来的"生字朋友"读准确、读熟练，规定谁找得多、读得熟，就请谁上台"摘苹果"。同学们有了上台"摘苹果"的欲望，便会主动翻阅书本，向同学、老师请教，"八仙过海，各显神通"地多找"朋友"，读准、读熟字音。当学生自主识字的潜能和识字优势得到最淋漓尽致的发挥时，再请同学上台摘下其中的几个"苹果"。

第三步：提升识字。所谓的"提升识字"是指在对生字认识的基础上，发现规律，学会运用。新教材识字教学"认写分流"，对于会写的字要求理解。汉字是音、形、义的结合体，可以让学生从"音""形""义"等多角度地学习要求会写的字，并用它们扩词、说话，规定谁爱观察会发现、爱动脑筋会运用，谁就上台把剩下的"苹果"摘完。

这样，"摘苹果"这个游戏不但激发了学生学习的兴趣，催生了学生学习的动力，而且循序渐进、由易到难地落实好了多个晋级性板块的学习，理趣结合，提高了课堂识字教学的效率。

拼音和识字教学的游戏种类繁多，每一种游戏在什么情况下使用，如何对接学生学习效率的提高，用得其所，增效提能，值得大家一起来探讨。

第二辑＼阅读教学

统编教材背景下文本解读的策略

"凡事预则立，不预则废。"王林波教授强调"只有深入理解教材、精准地解读教材、创造性地处理教材，课堂才会灵光闪现、新意不断，学生才会入情入境，全身心地投入到课堂学习中去，获得语文素养的提升"。文本解读是教师的必备基本功，是教师从业的立身之本。文本解读指教师在备课时，对文本进行多角度、多层次的分析、品读，寻得文本"特有的味道"。文本解读决定课堂站位，课堂站位的高度取决于文本解读的广度、深度、高度。

语文学科有自己固有的属性和特定的本质，统编新教材有新的教学思想和教学理念。那么，我们在新教材背景下，应如何守正创新地解读好文本？

一、涵泳文本，紧扣文本自身特点来解读

涵泳文本就是纯纯粹粹地、不受外物干扰地、自己针对文本研读。沉下心，静下气，潜心涵泳，字字入目，字字入心，用自己的阅读力、审辨力充分与文本对话，用自己的心去体会，读懂这一课"语言形式"和"语言内涵"的特点。当下，有一种现象比较普遍，而且更为严重地存在于年轻教师中：或许是因为不够自信，或许是想寻求捷径，自己不认真备课，抄袭教案，照搬名师教学，教学中几乎没有从自己思想里长出来的东西；尤其承担公开课之时，更是忙忙碌碌地翻教学杂志、上网查找相关资料；同样一个教学内容，名师们众说纷纭，老师自己因为没有研读教材，没有考虑学情，拿不准要听谁的，或向谁的靠近，惶惶然、茫茫然，只好来个"剪刀＋糨糊"，从不同老师的做法中剪辑一些自己感觉还好的做法，拼凑成自己的教学。

借鉴无过，要真正意义上地借鉴。就教学而言，"借鉴"是把他人好的经验做法汲取过来，为自己所用。如果我们没有认真解读教材，没有认真思考"教什么""怎么教"，借鉴便没有方向和目的，也就不能用得其所，是一种"伪借

鉴"，为借鉴而借鉴，不知不觉中成了他人的"传声筒"和"应声虫"，那我们的教育生命的价值何在？

我们要做有思想的老师。"阅读教学是学生、教师、教科书编者、文本之间对话的过程。"（《课标》）教师没有细读文本，教学时就不能和学生、文本进行有深度、有广度的对话，就不可能用自己的思想去打造精彩课堂。阅读教学，思想从解读文本出发。文本是言语、结构、技巧的有机结合体，并且融形象、情感、境界、意蕴于其中，我们要尽可能全面、立体地自主解读。在自主研读中，通过边读边追问、边读边思考，着眼细处、把握全篇，关注语言、探究内涵，融会贯通、比对思辨，全面、立体地把握文本内容，发现文本的秘妙，提取"这一课"至关重要的、具有独特性的教学内容进行教学，使教学真正把这一课上成"这一课"，一课一得出高效。

解读文本最忌心浮气躁、主观臆断、浮光掠影，如果图快，飘飘忽忽地看文本，文本的秘要就会在我们的眼皮底下溜走。

有时，一个字眼便能牵动全篇蕴含的情感。曾经，我听过五个老师的同课异构，执教的内容是统编教材五年级上册第22课，清少纳言的《四季之美》，课文表达了随着季节的流转，大自然美的格调在转换，但作者对自然、对生命的热爱不变。这是篇散文，结构明晰、独具特色，每一季的描写成一自然段，每个自然段分别围绕这些总起句来写——"春天最美是黎明""夏天最美是夜晚""秋天最美是黄昏""冬天最美是早晨"。这其中的"最"字，只有一个老师涉及，但也仅仅是提了一下而已，没有为其驻足，很快掠过。散文，是一个文学种类，是一种抒发自己真情实感，写作方式灵活的记叙类文学体裁。散文重在表达真情实感，作者到底要表达什么样的情感呢？题目是《四季之美》，四季之美在作者的心中到底怎样呢？就蕴含在描写每个季节的总起句中。

我们来对比着看看：

春天最美是黎明。 夏天最美是夜晚。 秋天最美是黄昏。 冬天最美是早晨。	春天的美在黎明。 夏天的美在夜晚。 秋天的美在黄昏。 冬天的美在早晨。

这些"最"，意蕴丰厚，也充分彰显了作者的个性认知和体验。如果没有这些"最"，作者对四季的爱以及四季的美就显得单薄了：春夏秋冬的美分别只在黎明、夜晚、黄昏、早晨。这样，这篇课文教学的内涵大大减损。失之一字，差之千里。

有时，课文中的几个词便构成精巧的修辞手法。统编教材五年级下册第5课是《草船借箭》。鲁肃按照诸葛亮的要求私自拨了20条船给诸葛亮，和诸葛亮一道去向曹操借箭。船只摆好后，诸葛亮叫军士一边擂鼓，一边呐喊。鲁肃吃惊地说："如果曹兵出来，怎么办？"诸葛亮笑着说："雾这么大，曹操一定不敢派兵出来。我们只管饮酒取乐，雾散了就回去。"细细咀嚼，才能发现这其中鲁肃的"吃惊"与诸葛亮"笑"中的从容、"一定"中的笃定形成鲜明的对比，比出了诸葛亮的"神机妙算"。如果能联系当时鲁肃是东汉末年的政治家、军事家、外交家的身份地位和过人才智来细细研读这段文字，又能发现作者是用本就了不起的人物来烘托诸葛亮，用了正衬的写作手法。在听课的过程中，发现好多老师没有关注到这些重要的教学内容，也许就是因为解读文本不够细心、缺乏思考的原因造成的吧。

有时，课文中的一个词就能立起一个人的品性。统编教材五年级下册第7课《猴王出世》中有一个词：喜不自胜。我们先看课文中是如何使用的：

石猴喜不自胜，急抽身往外便走，复瞑目蹲身，跳出水外，打了两个呵呵道："大造化！大造化！"众猴把他围住，问道："里面怎么样？水有多深？"石猴道："没水！没水！原来是一座铁板桥。桥那边是一座天造地设的家当。"众猴道："怎见得是个家当？"石猴笑道："这股水乃是桥下冲贯石窍，倒挂下来遮闭门户的。桥边有花有树，乃是一座石房。房内有石锅、石灶、石碗、石盆、石床、石凳。中间一块石碣上，镌着'花果山福地，水帘洞洞天'。真个是我们安身之处。里面且是宽阔，容得千百口老小。我们都进去住，也省得受老天之气。"

一位老师在执教这篇课文时，一位学生对"喜不自胜"这个词的用法提出了异议。他说："这里应该用'喜出望外'，原因是石猴根本就没有想到有这样的福地。"老师一听，觉得有理，可能又不敢轻易推翻书中的表达，毕竟课文出自名著，于是他把"球"一踢，踢回给学生："同学们，你们赞成 XXX 同学的看法吗？"因为学生倏忽间找不到思考这个问题的路径，教师又不知如何点拨，结果学生哼哼唧唧一通，就把问题略过去了。这就暴露了老师备课时研读文本不细致，或者是缺乏"有些词语是要在大的、有关联性的语言环境中解读的意识"。本来是一个很好的教学生成点，可惜没抓好。"喜出望外"重在望外，表达重点是"出乎意料"；"喜不自胜"主要表达的是高兴的程度很深，喜到极致了。读读这段话，每个字都注满了快乐，每个字每个词的快乐好像石猴一般按捺不住，跃然纸上。感叹号的连用，也是在彰显快乐。更主要的是这段话的结语是"这真个是我们安身之处。里面且是宽阔，容得千百口老小。我们都进去住，也省得受老天之气"，它道破了石猴为众猴有安身的福地而喜。他心怀众猴，喜众猴之喜，是后面大家"拱伏无违、序齿排班"尊他为王的重要原因。老师解读不到位、思辨不到位，前置性的功课没做好，怎么可能抓住这样的生成点？课堂怎么可能呈现思辨之精彩？学生怎么能感受语言蕴藉之含蓄、韵味之无穷？

文本解读既要聚焦微观的字、词、句、段，也要把控宏观的篇章结构、文体样式。《真理诞生于一百个问号之后》是统编教材六年级下册第五单元的一篇议论文。文章用三个事实作为论据，论证观点——只要你见微知著，善于发问并不断探索，那么当你解答了若干个问号之后，就有可能发现真理。（《真理诞生于一百个问号之后》）学完课文，老师叫学生谈收获，有一学生说："老师，我觉得文章写得不具体生动，没有把科学家们锲而不舍为科学忘我奉献的精神进行细致描写。"老师略加思索："对，这个同学很会动脑筋，要把'？'拉成'！'

是艰辛的，甚至需要漫长的付出，那我们就来一个改写吧，同学们从课文的三个事例中自主选择一个改写，看谁改得更生动具体、更感人。"接下来是学生的改写与交流，这就反映了老师解读文本时没有关注好"议论文"这种文章的体裁样式。"夫情致异区，文变殊术，莫不因情立体，即体成势也。""譬激水不漪，槁木无阴，自然之势也。"（《文心雕龙·定势》）文章的不同体势如同水木一样，各有各形，各有各状，因此，"文体有别，教法各异"。议论文的论据是为证明论点的合理性、科学性、普遍性。课文中的三个事实表达层次都是一样的：

人物	观察中形成"？"	从"？"到"！"的过程	"！"
波义耳	紫罗兰中有一种物质遇到盐酸会变红。这种物质到底是什么？别的植物中会不会有同样的物质？别的酸对这种物质会有什么样的反应？	针对问题做了很多的实验	大部分花草受酸或碱的作用都会改变颜色，其中以石蕊地衣中提取的紫色浸液最明显：遇酸变红，遇碱变蓝。
魏格纳	美国东海岸有一种蚯蚓，欧洲西海岸同纬度地区也有这种蚯蚓，为什么美国西海岸却没有这种蚯蚓？	引起了注意	蚯蚓的这种分布情况正说明欧洲大陆与美洲大陆本来是连在一起的。
阿瑟林斯基	眼珠转动会不会与做梦有关？会有什么关系？	以儿子、妻子、邻居为实验对象，进行反复实验与观察。	睡眠中眼珠快速转动的时候，人的脑电波也会发生较大的变化，这是人最容易做梦的阶段。

可见，这三个事例都是按同样的方法来介绍的：

从细微的、司空见惯的现象中发现问题（见微知著）

↓

不断发问（善于发问）

↓

解决问题（不断探索，解决了若干个问号）

↓

追根溯源，找到真理（发现真理）

三个事例，都在围绕论点"只要你见微知著，善于发问并不断探索，那么当你解答了若干个问号之后，就有可能发现真理"，作者是在用"议论文的思维路径和写作方式在表达"，三个事例都在用缜密的逻辑，反复论证论点的正确性，这样显得简洁、明快，如果进行拉展式改写，反而显得不严谨，破坏了议论文的文风，适得其反。

文以载道，文本解读既要注意"文"，关注语言文字的运用，也要注意"道"，看它的思想引领和精神塑造的点在哪里，有什么价值。"一千个读者，就有一千个哈姆雷特"。同一文本，不同老师有不同的解读视角和解读结果，但一定要注意文本的价值取向，提炼好文本的价值元素，寻找文本价值与学生成长的契合点。

二、跳出文本，多元关联来解读

文本解读的目的是教学的高效，是学生更为长足的发展，即文本解读是服务于教学的。和教学关联的除了文本本身，还有很多元素，因此，涵泳文本，把文本解读细了，解读全了，还要根据学情的需要，根据教材的编排意图，参照先进的教育思想理念和相关的教学操作行为，对文本解读的所得进行梳理、筛选、提炼、整合，取用恰当的教学内容，在自主思考和参考借鉴中探索合适的教学方法。

（一）关联语文课程标准解读

国家课程标准是国家课程的基本纲领性文件。《课标》是国家对基础教育语文课程的基本规范和质量要求，是教学的依据，因此，我们解读教材一定要注意研读学科课程标准，看对语文学科各块内容、各学段的教学有什么要求和建议，以此来指导我们解读文本。

《课标》关于古诗文的教学在"阶段目标"中循序渐进地对各学段提出目标要求。

第一学段的目标要求是"诵读儿歌、童谣和浅近的古诗，展开想象，获得初步的情感体验，感受语言的优美"。根据课标解读一、二年级的古诗时，应着重考虑如何根据诗的内容和学情引导学生多角度、多层次地展开想象，读中想象、想象中读，对内容不要深挖细究，也不要刻意去讲朗读的技巧，重在体验、感悟和积累。

第二学段的目标要求是"诵读优秀诗文，注意在诵读过程中体验情感，展开想象，领悟诗文大意"。在第一学段的基础上，提出了更高要求——"体验情感"不是"初步"，把"感受语言的优美"改成"领悟内涵"，解读的时候要先准确把握作者表达的情感、诗歌的内涵，然后思考针对性的诵读方法。

第三学段的目标要求是"诵读优秀诗文，注意通过诗文的语调、韵律、节奏等体味作品的内容和情感。背诵优秀诗文60篇（段）"。在第二学段的基础上，又有了更高的要求——要关注诗文的语调、韵律、节奏；对情感、内容要求"体味"。"语调"指语音高低、轻重、快慢的配置，表示一定的语气和情感；"韵律"指音的高低、轻重、长短的组合；"节奏"是诗歌中交替出现的有规律的强弱、长短的现象。引导关注语调、韵律和节奏，就要引导对诗的结构形式和内涵的把握。"体味"即仔细体会，比较前两学段的"感受""领悟"，要求更高。在解读第三学段古诗文时，教师要全面把握诗的形式和内容，并要掌握一定的朗读技巧，建议老师每天进行朗读训练。朗读是一项技能，技能讲究的是熟能生巧，老师可以依托"为你诵读""为你读诗""全民Ｋ诗""喜马拉雅"等等网络平台去朗读并转发出去。转发出去的目的在于接受他人的监督。监督，让履行更自觉，让态度更端正。

（二）关联单元语文要素解读

"语文要素"，诞生于统编新教材，新名词、新概念、新亮点，是使用统编教材的"指南"，是单元教学的抓手。语文要素是语文素养发展的目标要素，含"基本的语文知识""必需的语文能力""适当的学习策略和学习习惯"等等。语文的学科核心素养包括"语言建构与运用""思维发展与提升""审美鉴赏与创造""文化传承与理解"四个方面（见《普通高中语文课程标准（2017年版）》）。"语文要素"是统编新教材编排的主要参照，也是我们语文教学实践的主要落脚点，因此，解读文本必须紧紧扣住它。

比如，统编新教材六年级上册第四单元指向阅读的单元语文要素是"读小说，关注情节、环境，感受人物形象"，从这个表述可以看出，这个单元的阅读重点是让学生学会以情节、环节为舟楫，感受人物形象。

人物是小说的核心，情节是小说的骨架，环境是小说的依托。这个单元的编排要让学生初步感受小说的特点。这个单元的阅读教学应紧紧围绕这个语文要素展开。解读文本时，主要要思考：如何让学生读小说？找出环境描写的片段或句子，去读、去品蕴含其间的人物形象，分辨故事的情节，看每一个情节是如何塑造人物的，情节关联在一起的又是如何"起""承""转""合"、如何塑造人物形象的。

值得一提的是，统编新教材里有不少"老课文"，"老课文"已经被反复研读、反复教学，老师们容易在自觉与不自觉中，凭着经验去教学，但教材体系已经改变，原来的教学思想和教学方法也要转变。为何要变？一部分"老课文"在统编教材中内容做了修改；即便没做修改，它承担的教学价值也会随着教材体系的改变而改变。文本解读一定要关注好"单元语文要素"，它是单元教学的"指南""导航"，把握了它，单元教学才能有正确的打开方式。比如《麻雀》一文，在原人教课标版教材中编排在四年级上册最后的阅读推荐里，教师可以整合到前面合适的单元中教学，也可以单立进行教学。统编新教材仍然保留在四年级上册，但是调整到了第五单元，教学应在单元语文要素"了解作者是怎样把事情写清楚的"的统领下展开，主要是从表达的角度，看作者是如何写清楚起因、经过、结果的。高潮部分在哪？作者是如何描写老麻雀护子心切，小小身躯里爆发出的不可战胜的，让体型庞大、凶猛无比的猎狗也望而却步，或说是心生敬畏的勇气的？要把一件事情写清楚，必须要写清楚"起因""经过""结果"，还要突出主要人物和事情的重点部分，通过场面，环境，人物的语言、动作、神态进行详细描写。这样，事情的来龙去脉和主次表达清楚了，就写清楚了。

有的老师心里会犯嘀咕：三年级以上单元导读页中有单元语文要素的明示，一、二年级有吗？有，在单元课文和课后练习的共同指向里。比如，二年级下册单元三共有四篇课文——《彩色的梦》《枫树上的喜鹊》《沙滩上的童话》《我是一只小虫子》，都是想象的王国，前三篇课文还有直接指向想象的课后练习：

《彩色的梦》：

◎ 朗读课文。边读边想象彩色铅笔画出的梦，再试着用自己的话说一说。

◎ 你想用彩色铅笔画些什么？试着仿照第2小节或第3小节，把想画的内容用几句话写下来。

《枫树上的喜鹊》：

◎ 默读课文。文中反复说"我喜欢"，说说"我"喜欢的是什么。

◎ 看到下面的情景，你会想到什么？试着写下来。

　　我看见喜鹊阿姨找了一条虫子回来，站在窝边。喜鹊弟弟一齐叫道："鹊！鹊！鹊鹊鹊！"

　　我懂得，他们的意思是："＿＿＿＿＿＿＿＿＿＿＿＿＿＿＿＿＿＿＿＿＿＿＿＿＿＿＿＿＿＿＿＿＿＿＿＿＿＿"

　　喜鹊阿姨把虫子送到喜鹊弟弟嘴里，叫起来："鹊，鹊，鹊……"

　　我知道，她是在说："＿＿＿＿＿＿＿＿＿＿＿＿＿＿＿＿＿＿＿＿＿＿＿＿＿＿＿＿＿＿＿＿＿＿＿＿＿＿"

《沙滩上的童话》：

> ◉ 朗读课文，注意读好对话。
>
> ◉ 根据开头编故事，试着用上下面的词语。
>
> ◇ 在一片沙漠里，有……
>
> ◇ 从前，有一座大山……
>
> 城堡 堡垒　　凶狠 凶恶　　攻打 进攻
>
> 火药 炸药　　赞赏 赞美　　合力 合作

从这种种迹象表明：培养学生的想象力是这个单元重要的语文要素。

老师们如果能对 12 册教材语文要素的排列体系进行系统、分类梳理，我们的教学便更能做到"踏石有痕""步步为营""循序渐进"……

（三）关联课后练习解读

统编教材课后练习是助学系统的一个重要内容，是"单元语文要素"的载体，分解、细化了单元语文要素的落实，对课文"教什么""如何教"有很强的指导性，有的还有学习评价的功能，是课文教学的有力支撑和有效抓手。解读文本时应该对它进行理性思考、深入剖析，既关注题目的表达形式，更要关注其内涵和要义，从中寻求相应的教学策略和教学路径。

比如统编教材五年级下册第六单元，指向阅读的语文要素是"了解人物的思维过程，加深对课文内容的理解"。单元中《跳水》一文课后依次设置了三道练习：

1.默读课文，想想故事的起因、经过和结果，把下面的内容填写完整，再讲讲这个故事。

水手拿猴子取乐——（　　）——（　　）

2.课文多次描写水手们的"笑"，把相关的语句找出来，说说这几次"笑"

与故事情节发展的联系。

3.在那个危机时刻，船长是怎么想的？他的办法好在哪里？和同学交流。

首先，我们要逐字阅读题目，准确把握题目的意思。

其次，要思考每个题目的编排意图和价值所在。题1先要求默读课文，为什么不先听或读这个故事呢？因为要思考故事的起因、经过和结果，有声的读不利于思考。学习伊始梳理故事的起因、经过、结果，意义何在？对接课文的结构特点和故事的要素，整体把握课文，避免学习只见树木不见森林。阅读梳理和讲故事，让学生知道说写故事都要抓好"起因""经过""结果"这核心性的三要素，依托课文立足故事的特点，用阅读提取信息和口头表达的方式，培养学生的语用能力，这一环节也在梳理故事情节，为练习二的学习做好铺垫。题2，先要求学生找出描写水手"笑"的句子，然后要求学生将水手的几次"笑"与相关的情节对应起来。一是提醒教学要关注"笑"，是笑引发和推动事情发展，是表达的主要线索；二是引导教学对接单元语文要素"了解人物的思维过程，加深对课文内容的理解"，走进孩子的内心，了解孩子在整个事件中的思维过程。题3是从船长的角度去落实单元语文要素，分析船长的思维过程，在思辨交流的过程中体会船长高品质的思维，引领孩子思维的发展。这3个题目是循序渐进、纵向排列的，突出训练目标的连续性和发展性，可以是课文教学流程和环节设置的参照。"课后练习"一般三四题，是教材编写者们精心设计的，针对了课文特点，服务于教学目的的达成，突出了学生语文实践的重点。有读、背、写的内容，也有其他形式多样、生动有趣的题型。《语文教师教学用书》建议："课后习题应当成为教学课文和检测学习情况的主要依据。"解读文本时，一定要注意研究和开发"课后练习"，探究"课后练习"用于教学中的方式和策略。

（四）关联课文阅读提示解读

略读课文和"策略单元"里的课文，在题目下面都有阅读提示，还有一些课文有阅读旁注，是隐形学习小伙伴们的阅读提示。所有的阅读提示都指向了教学的重点，解读文本时对其不能小觑，先要看清楚它提示的学习内容和学习策略，然后思考对应的教学策略，思考学生的学习能力能否够得着，触及文本核心价值的教学内容如何引领点拨。比如五年级下册第二单元的略读课文《猴王出世》，题目下面的阅读提示是"默读课文，遇到不明白的语句，可以猜猜大致意思，然后继续往下读。读后用自己的话说一说石猴是怎么出世的，又是怎么成为猴王的"，提示了学生自主阅读的方法是"默读；猜读不理解的句子；用自己的话说说石猴是如何出世和成王的"，提示了学习内容是"石猴出世""石猴成王"。解读文本的时候，要思考：如何让学生静心默读？对这两部分内容的理解，难点在哪里？可能出现的问题是什么？组织学生用什么样的学习方式来化解？题目为什么不是《石猴出世》而是《猴王出世》？两部分内容之间有什么密切的联系？题目和这两部分内容有什么联系？《西游记》中第一回的猴王出世与后面的章回的内容有什么关系？怎样让学生通过查阅资料、自主思考和交流讨论，体味文本的这些妙秘，提升思维力和语用能力？

（五）关联"语文园地"解读

《语文园地》是围绕单元"语文要素"进行设计、编排的，相对以前小学语文教材中的《语文园地》设计较为精心，功能定位更加精准。比如其中的"交流平台"，对本单元的学习策略、学习重点、学习方法进行了梳理、总结提升，能加深学生对本单元学习重点的理解和学习方法的掌握。如五年级上册第三单元是民间故事单元，语文要素是"了解课文内容，创造性地复述故事；提取主要信息，缩写故事"。《语文园地》中的"交流平台"如下：

| 交流平台 |

本单元我们读了特别有意思的民间故事。读到了好的故事，我们会忍不住要跟别人分享，讲给别人听。

为了让故事更有新鲜感，可以来点儿小创作。

可以把自己设想成故事中的人物，以他的口吻讲。如，讲《猎人海力布》，用海力布的口吻讲述，会更加亲切，让人有身临其境的感觉。

也可以大胆想象，为故事增加合理的情节。如，讲《牛郎织女》，可以说说老牛是怎么知道织女下凡时间的。

还可以变换情节的顺序，先讲故事中最不可思议的地方，设置一些悬念吸引听众。如，先说有一块石头是一位猎人变的，再讲猎人海力布的故事。

这个"交流平台"和前面的"单元导读""课后练习""课文的教学"是相呼应的，充分体现了统编新教材"单元统整""前后照应"的内容编排特点。整个单元的阅读教学围绕"如何创造性复述课文"展开教学，"交流平台"对创造性复述课文的一些策略和方法进行小结、归纳，起强化、巩固的作用。解读文本时，要理解"交流平台"的内容，看如何与课文教学有机整合，提升单元教学的质量。

《语文园地》还有一个非常突出的理念：引导学生在生活中学语文、用语文、掌握语文要素、逐步提高语用能力，不断提升学生的语文素养。如《识字加油站》《写话》《展示台》以及《字词句运用》中，既有来自生活的和单元教学紧密关联的内容，也有学习方法的提示，这些均要在解读文本中予以重视。

（六）关联课文背景资料解读

文本教学深层价值有时会隐含在文字的背后，要整合背景资料的学习才能抵达。统编新教材有不少经典名篇，它们讲究内涵，有时言简而义丰，只有和作者非凡的人生阅历、特殊的时代背景关联起来教学，才能体现文本教学的价值。由于学生相关认知的缺失，对这类课文的学习会产生许多障碍，导致文本感悟不深，情感体验不强。因此在解读这些课文时，要思考如何让学生力所能及地收集、整合资料，如何聚焦教学的关键或核心，甄别、优化筛选背景资料并有机渗透，帮助学生深刻理解、领悟文本内容，彰显文本的教学价值。例如，统编教材四年级下册《天窗》，是我国现代著名作家茅盾的散文，从字面上看，表达了孩子们对大自然奥秘的向往与追求，体现了孩子们丰富的想象力和创造力。这种理解和教参上的说法，以及教师惯常的解读是一致的。我想，除了教参、他者，更要有自己独立理解教材和处理教材的能力。我在解读这篇文章时不禁思索：这"天窗"是否还有其他象征意义呢？于是我查阅它的相关背景资料，发现《天窗》写于1928年。1927年可谓"风云变幻""血雨腥风"，中国共产党遭受了自诞生以来最严重的一次危难——蒋介石、汪精卫叛变革命，国共合作破裂，大革命惨遭失败。可见，作者写天窗，除了回味童真，更多的应该是心灵的寄托，对光明的向往与追求。让学生联系这样的背景去学习、感悟文本，对文本的理解感悟就会丰厚起来，随着学生思维力的提升，文本的深层价值也就能显现。

文本解读能力是语文老师的核心素养，每一个老师都要在实践中历练。文本解读考验的是老师的教学态度与智慧，挑战的是教师的文化素养和学科教学水平。

让预测真实发生　让能力真实形成
——统编小学语文三上"预测"策略单元教学建议

　　国内外多项研究表明：实施阅读策略的指导，能有效促进学生阅读理解能力的形成以及独立阅读能力的提升。慢慢形成良好的阅读习惯。小学语文统编教材，在三、四、五、六年级上册分别设置了一个阅读策略单元，可谓意义非凡。阅读策略单元是教材里的新面孔，是教学的新领地，阅读教学还处于"昨夜西风凋碧树，独上高楼，望尽天涯路"的困境中。怀揣一名县域小学语文教研员的责任，攻坚克难，我与老师一道在行动：课堂诊视、调查问卷、沙龙研讨、同课异构、同课共构……直面问题，依托教材，活动促研，灵活教研，互助成长……我们分享研讨成果的同时，不断深入探究，发现问题，积极作为。当我们发现预测单元的教学教师比较难把握，学生伪预测、浅预测现象屡见不鲜这一现象时，做了一些有益尝试。

一、整体把握，明确单元教学要义

　　阅读策略单元的编排体例有别于普通单元：人文主题不予考虑，不恪守人文主题和语文要素双线组元的模式，仅以阅读策略为主线建构单元内容。很明显，阅读策略单元的教学要义是阅读策略的学习和运用。"预测单元"的教学要义就是学习和运用预测策略。单元导读、课文、助学系统，整个单元紧紧围绕预测策略教学目标达成为核心编排。

　　单元导读页中的"猜测和推想，使我们的阅读之旅充满乐趣"，对"预测"做了很好的解释猜想和推断，还启发大家预测要携趣而行。既然预测有推想之意，那么预测就应该有依据，依据是什么呢？在教材内容上有表述，我们应该热切关注。既然是预测，肯定要有依据文本展开往里想、往深处想的思路和方向。这思路和方向在课文旁批和课后泡泡对话小结中有提示，不能忽视。预测策略的学习运用意义何在？"交流平台"做了归纳。导读页中的"一边读一边预测，顺着故事情节去猜想""学习预测的一些基本方法""尝试续编故事"等语文要素都在指向预测策略的学用。围绕核心教学要素，整个单元的教学，层递性、发展性地进行了安排：借助题目、图画或故事内容预测——掌握一些预测的方法——认识预测无对错，鼓励有依据地大胆预测——学习在阅读中反复修正自己的预测。

我们要明确单元教学定位，把准编者意图，注意单元教学目标的分步落实，把握课与课之间教学目标达成水平的层递性，把握要素和要素之间的关联，依照课文编排之序而教。重兴趣性、重主体、重阅读、重思考、重个性、重成长，立足策略的学习运用，着眼能力的发展提升，灵活实施教学。

二、依托课文，精品细读学预测

《总也倒不了的老屋》是精读课文。编者对这篇课文的教学定位明确：示范导引学习策略。课文的旁批以及课后练习共同呈现预测的基本策略。（1）旁批提示：以成熟的阅读者的角色，展示阅读思考过程，引导认识、感悟和运用策略，提示可以根据题目、图画、故事内容、阅读经验预测，可以预测事物的性状、人物的出场、人物的语言、故事的情节、结局等等。（2）课后练习提示：预测不是无端猜测，需要依据，依据可以来自阅读或生活经验、认知储备、所读文本。课后的泡泡对话，对预测策略化零为整的梳理，利于学生强化学习所得。

教学有法，教无定法，贵在得法。在这篇课文的教学中，如何让学生真思考、真预测，促进其主动涉猎、积极探索，习得策略的同时，深入、透彻理解文本，达成更专注、更有思维含量、更高品质的阅读，形成更强阅读力。在多次组织老师的同课异构教学研讨中发现了一些值得借鉴的做法：

（一）将旁批与课文内容比照学习

将旁批和课文的相关内容一一对照读，找出预测的依据、方向。为了扩大参与面，提升参与度，鼓励学生用自己喜欢的方式阅读、标记。比照学习，能让学生切实掌握预测的可依之据：题目、图画、故事内容、阅读经验……明白预测的方向、内容：事物的性状、人物的行为表现、人物的内心活动、人物的语言、人物的出场、故事的情节、故事的结局……

（二）将自己所用之法与助学系统提示之法对照反思

将自己切实运用的预测方法与助学系统提示的预测方法进行对照反思，让学生在学习中对照，在对照中反思，在反思中提升，有利于对学习进行有效监测、及时反馈及适时弥补，也有利于学生化零为整、由表及里地提升学习品质，形成自主学习的能力。如果发现问题，应驻足，针对问题再次，甚至是再再次学习。这一环节的教学要特别注意旁批中的"我想这时老屋会不耐烦了"这一预测。要让学生在对照原文内容中明白：预测允许和原文有出入，预测没有对错，要讲依据，必须大胆扬个性，预测因个性而精彩。

（三）形式多样促进学生求异预测

很多老师教学这篇课文时，死抠"预测"概念，认为全文内容暴露无遗了，不可能有预测兴趣，也不可能有预测行为发生，一股脑儿地责怨编者，心安理得地原谅自己教学的少慢差费。我们应审视教材的编排意图。预测本应该是预先的推断和猜测，但只有显现全文，才能呈现学习伙伴的阅读思维过程，才能对学生导之以法。学生手持教材，又有预习习惯了，《总也倒不了的老屋》题目就很吸引学生的眼球，会引发学生的阅读期待，反复结构的童话故事又是学生的阅读所爱，学生对课文了解，甚至熟悉是自然而然的事。为了不制约学生的预测兴趣和预测思维，可以灵活教学方法、拓宽教学思路，达成教学目标。

1.同一课文寻求不同的预测依据。同样是《总也倒不了的老屋》，学习小伙伴呈现了预测的依据，学生可以在细读文本的基础上，找自己的预测依据，也做好旁批，并与同桌进行交流。实施激励机制，比一比，看谁找得多，找的有意思，从而促进阅读，让预测在真实的阅读中起航。

2.相同的依据多元的预测。和学习小伙伴同点同依据预测，但预测的方向或预测的内容应不同，鼓励根据一个依据，多方向、多内容预测，组织交流评价。预测无对错，评一评谁更积极预测，谁的思维更广博、更深入、更多元性，体验预测的成功与快乐。

3.同样的策略用于不同的文本。将所学策略运用于相似的文本。比如，《老头子做事总是不会错》《犟龟》《七颗钻石》等等和《总也倒不了的老屋》体裁相同，都是童话，结构相同，都是反复结构，可以运用所学策略对其阅读。为了预测的真实性，故事各环节或部分环节先隐而不显，学生预测之后再呈现。可能有老师要质疑了：这篇精读课文的教学定位不就是让学生掌握预测策略吗？后面有略读课文的学习可以运用呀。乍一听，似乎有理，细一想，就有问题了。任何学习方法的掌握都要靠实践，都要基于真实的学习过程，没有真切体验，单靠浅尝辄止的，几乎是空对空的总结归纳，充其量只能说有认知，根本谈不上掌握。正所谓"纸上得来终觉浅，绝知此事要躬行"，没有掌握，后续如何运用？

三、依托课文，自主实践用预测

本单元继精读课文《总也倒不了的老屋》之后安排了两篇略读课文：《胡萝卜先生的长胡子》《不会叫的狗》。这两篇略读课文的教学定位也非常明晰：自主实践中用策略。两篇课文都把故事的结局隐而不写，用省略号留空待学生预测。教师要鼓励学生运用习得的策略大胆预测。一边阅读一边思考，不断预测，非结局的预测可能学生兴趣不大，要尽量鼓励学生通过"自主预测——原文验证——修正预测"对已呈现的故事内容真实阅读，透彻理解，为结局的预测奠定基础，否则结局的预测就没有根基，不可能有多元思维、深刻思维支撑的，有个性、有创意的预测。在学生充分预测交流的基础上，教师讲述原有故事的结尾，让学生的思维不断碰撞，预测不断丰富，乐趣层叠而至。

《不会叫的狗》原文有三个不同结局，每个结局最后都是用的省略号。学生已知故事的三个结局，再行预测，未免故弄玄虚，太做作，怎么办？方法一：顺着三种结局再深入预测，看小狗可能跑到哪里，会发生什么；小母牛教小狗叫结果可能怎样；小狗遇上了一个农民，这可能是个怎样的农民，农民会做什么；它们之间会发生什么事情。方法二：让学生先看看故事的三个结局，再预测其他不同的结局，丰富预测的维度，拓展预测的思维。这里涉及的角色比较多，建议用上游戏精神进行预测，即让学生进行角色自居，沉浸式投入故事中，借助文字积极参与、真切体验，促进学生深阅读、真预测，引导学生的想象力不断飞翔，让故事不断朝多元未知延展。

四、丰富实践，强化巩固行预测

《胡萝卜先生的长胡子》后面提供了图书和文章的题目，让学生练习借助题目进行预测；《不会叫的狗》后面设计让一名学生朗读故事，其他学生预测故事情节；口语交际《名字里的故事》引导学生预测名字的含义；习作《续写故事》根据图片提示，编写并预测故事的结尾。整个单元安排了大量的、形式不一的预测实践活动，旨在强化预测策略的运用。每个活动要根据其特性有效开展。比如习作，用了3幅图用以提示故事的脉络。故事的起因、经过、结果，可以依据图片、图片中的文字，想象入境，联系生活实际和已有经验，画里画外大胆推测。我们要借助阅读实践，引导学生大胆创造意外，用情理之中、意料之外的预测，使学生的生命一次次惊喜。

"交流平台"归纳的是预测的作用，可以相机渗透入学预测的作用，可以相机渗透到学生预测的过程中，让学生去感悟。一个单元的学习是极其有限的，要立足单元教学，强化后续迁移运用的实践。可以和整本书的阅读结合起来。对于三年级的学生，可以用一些情节开放、故事曲折、趣味浓厚的绘本或桥梁书进行预测，以便养成习惯，形成能力，比如《南瓜汤》《逃家小兔》《小魔怪要上学》《幸运的内德》《好消息坏消息》《青蛙与蟾蜍》《不一样的卡梅拉》……在大量的阅读实践中不断迁移，内化为能力，让学生最终成为积极主动的阅读者，使他们因为阅读，在生命的深处不断渴盼出发和启程。

反思预测单元的教学，觉得还有几点需要提醒。第一，要强化预测的实践，淡化让学生说清楚预测依据。预测的依据很多时候是预测者内心的感觉和生活经验，是隐藏在思想或意识深处的、难以表白的感觉和意识。有的学生怕说不清楚依据，省得找麻烦，干脆就不预测了。第二，"阅读策略单元"从属于"阅读单元"，不能淡化对课文的阅读理解，应该用策略来促进对课文的理解感悟。第三，"阅读策略单元"也不能忽视了字词教学。

让我们用朝圣的心敬畏我们的事业，"功成不必在我，功成必定有我"，携手让我们的教学一路向高向明。

坚守语文教学本真

"水有源泉木有根，万物有本事有因。"面对问题，强调要透过现象看本质，要追根溯源从根本上解决问题。语文教学只有把握本真，坚守本真，才能洗尽铅华、删繁就简，提高时效，让学生走上语文学习的快车道。《课标》强调"语文课程是一门学习语言文字运用的综合性、实践性课程"。叶圣陶先生说："语文教材无非是个例子，凭这个例子要使学生能够举一反三练成阅读和作文的熟练技能。"吴忠豪教授在他的《从教"课文"到教"语文"》一书中强调"要用课文来教语文"。这些都强调了坚守语文教学的重要性和必要性，也为语文老师们如何坚守本真教学指明了方向。

那么，在统编教材实施的背景下，如何坚守语文教学的本真呢？

一、让单元语文要素落地生根

统编教材执行主编陈先云主任指出"语文要素有阅读和表达两个维度，包括基本方法、基本能力、基本学习内容和学习习惯。语文要素通过听、说、读、写训练而成"。统编教材从三年级起，依据课程标准规定的各学段教学目标和教学内容，序列化、体系化地将语文要素分布于各年段、各册次、各单元。每个单元一般从"阅读""表达"两个方面安排语文要素，要紧扣单元语文要素实施教学，把这一单元上成"这一单元"，把这一课上成"这一课"，使学生随着一个个单元教学的实施，不断习得越来越多的语文学习方法，渐渐养成良好的语文学习习惯，语文能力也聚沙成塔，得以提升。统编新教材背景下，我们要准确把握教材的编排理念和核心要义，让每一个单元的单元语文要素落地生根。

二、教学扬课文特色，实施"一课一得"的教学

一节课，时间和空间极其有限，而每篇课文都有很多教学的点。如果一堂课赋予过多的教学目标，教学定然处处蜻蜓点水、走马观花，学生不能感受语文实质性的魅力，不能充分进行语文学习实践，不能有效获得语言文字运用的能力。温儒敏教授在参与"课改背景下语文教育功能"的研讨时指出："具体到一堂课，老师能够突出一些重点，有时可以突出这一点，有时也可以突出另外一点，把它们互相勾连起来，这确实是一个教学的艺术。"温儒敏教授强调的是要看课文这个例子"例在哪一块"，要研读课文，进行课文之间的比较分析，扬课文特点实施教学，"一课一得"。

"一课一得"是一堂好课的重要评价标准。要"一课一得"，首先要找准支点。阿基米德曾说过："给我一个支点，我就能撬动整个地球。""一课一得"也有支点。支点也许在文体特征上，"文体有别，教法各异"。也许在语言特色上，同样是写小动物，丰子恺先生写白鹅是那么的幽默风趣，老舍描写猫的语言是那么朴实自然。也许是在情感意蕴上，同样的词牌，同样咏梅，毛泽东的《卜算子·咏梅》是那样慷慨激昂，陆游的《卜算子·咏梅》是那样的深婉隽永……要找到支点，首先要解读好文本。解读文本要如朱光潜先生所言"慢慢走，慢慢赏"，如王尚文先生所说"倾听文本发出的细微声响"。用施特劳斯的话来说，就是"在字里行间阅读"。在解读好文本的基础上，进一步找准支点，并有效实施，方能"一课一得"。

三、用教语文的方式教语文

杨再隋教授指出"语文教学必须坚守育人观、儿童观与本色观。三个观点都源起于言语实践，贯通于言语实践，落地生根于言语实践"。《课标》强调"语文课程丰富的人文内涵对学生精神领域的影响是深广的，学生对语文材料的感受和理解又往往是多元的。因此，应该重视语文课程对学生思想情感所起的熏陶感染作用"，还强调"工具性和人文性的统一是语文课程的基本特点""语文课程

应致力于学生语言文字运用能力的培养""语文课程是实践性很强的课程，应该在语文实践中培养学生的语文实践能力"。语文教学，要发挥学科课程的优势，用上语文独特的方式，让学生在充分的语言实践活动中，以"听、说、读、写"为径，感受语言文字的魅力，提升语言文字运用的能力，同时，春风化雨般地受到情感的熏陶，促成思想的升华。

四、要让学生感受语文的美

北京师范大学赵希斌教授的《返璞归真教语文——文本的艺术分析》一书，引领我们探秘文学文本的语言美、形象美、情感美……文学的美就是语文的美。要让本真语文教学真实地在学生身上发生，首先必须让语文的美，语文的魅力驻足学生的心头，使学生爱上语文。帕克·帕尔默在《教学勇气》一书中提出"任何教育教学行为，只有学生开心接纳，才会有意义"。

（一）要让学生感受文章的语言美

入编教材的课文都是文章的典范，每一篇都兼具内容和形式的美，每一种体裁都有自己独特的语言形式：散文结构自由、不拘一格；诗歌语言凝练而形象性强，有鲜明的节奏，语句一般分行排列（现代诗如果有多节还会分节写），注重结构形式的美；小说注重情节的跌宕起伏；说明文语言准确、简明，抓住事物的特性进行科学表达……要让学生在长期的阅读中，进行体裁的比较、思辨，感受各类文章语言的形式的美，并尝试运用于自己的习作中。

（二）要让学生领略文章的结构美

统编教材三年级下册第二单元的《鹿角和鹿腿》《陶罐和铁罐》用对比的结构呈现故事，说明道理；同样是童话，统编教材三年级下册的童话《我变成了一棵树》，是用反向思维推进情节，发展故事。有一个绘本叫《小真的长头发》却用顺向思维一步步构建故事情节，完成故事。有的童话、神话、民间故事用情节反复的结构组织故事。但同样是情节反复结构的故事，有的情节顺序顺理，不可以调换顺序；有的情节呈现并列关系，可以调换顺序。议论文围绕论点，运用论据，进行合理论证……文章的结构之美，可以让学生在阅读的涵养中感悟习得，并内化成学生自己的言语表达能力。

（三）品味文章的内涵美

形式为内容服务。课文是经典文章，是语言、结构与内涵的有机统一，都在用恰当的形式揭示内涵。课文的形式美"醉"眼，内涵美"醉"心，老师要通过合适的教学策略和教学方法，引领学生探究课文内涵的美、核心价值性的美，从而使他们感受到文字直抵人心的力量。王崧舟老师在教学《圆明园的毁灭》一文时，通过运用抓关键词前后辐射品读，以问题导学促思的方法，通过将"圆明园毁灭前"与"圆明园毁灭时""圆明园毁灭后"的文段进行比较品读、入境想象等方法，引导学生真正懂得"圆明园是我国园林艺术的瑰宝、建筑艺术的精华"，它的毁灭不仅仅是中国的损失，而且是世界性的不可估量的损失；并且通过链接资料、拓展学习、展望与回顾，让他们深深懂得落后便要挨打，国家富强匹夫有责的道理。

五、多媒体运用不能越位

多媒体运用只是起辅助教学的作用。但当下的语文课堂，存在媒体运用过多过滥的现象。这种现象，割裂了学生语文学习的时间与空间，严重阻碍了学生语文学习的思维发展，使教学变得杂乱、肤浅。 特级教师钱梦龙提出"以训练为主线来抓住语文教学的牛鼻子"。语文教学要立根于学生语言训练，教师要用尽可能多的时间和空间，领着学生带上思想、带上个性在课文里走来回。叶圣陶先生曾说过："学生须能读书，须能作文，故特设语文课以训练之。"语文教学要书声琅琅，要让学生对经典的文辞和篇章进行分析、比较、联想、品评，在细嚼慢咽中品出语文的滋味。《海上日出》用准确、生动、形象的语言，描写了日出时的壮观景象，有一位老师在执教这篇课文时，先于学生对语言文字的理解感悟播放相关的视频，这样就弱化了学生语言文字的感悟能力，消解了学生基于语言文字学习的个性化思维。这样使用多媒体，多媒体就在教学中越位了。

总之，语文教学要坚守本真，要让学生在大量的语文实践活动中，形成语文实践能力。本真语文教学要激发学生热爱祖国语言文字的情感，要让他们怀揣一颗爱语文的心，自主学习语文，不断丰富积累，不断培养语感，不断发展思维，掌握语文学习的方法，养成语文学习的习惯，突出"语言的建构与理解""思维的发展与提升""审美的鉴赏与创造""文化的传承与理解"四大核心素养的培养，全面提升学生的语文素养。

上好语文课的"秘诀"

上好语文课的秘诀是什么？

秘诀之一："教师不断提高自身的语文素养。"要给学生一杯水，教师必备一桶水，甚至是源头活水。这"水"，即教师的知识储备、文化底蕴。学高方能为师！教师首先要脚踏实地，不断开辟学习途径，夯实教学基本功，多学习多积累，尤其要注意博览群书。脚步不能丈量的地方，眼睛到不了的地方，文字可以。广泛阅读能丰盈积淀、开阔视野。只要用心，书的养分就会融进身体的每一个细胞，只要有教学的触动，便会迸发而出，化成高超的教学行为，转为学生的能力。每本书，能用不同的方式为读者洗尽内心的铅华。教育与"清贫寂寞"为伍，人生千沟万壑，只有灵魂的纯粹，方能守住教育的初心，远离尘世的喧哗，享受内心的静谧，方能不问西东，丹心一片育桃李。我们让身体和灵魂不停地行走在阅读的路上，我们的课就能晴暖如春，就能彰显语言的温度、情感的厚度、思维的力度……

王崧舟、窦桂梅、于永正、薛法根……哪一位名师不是从阅读里走出来的呢？王崧舟老师自称"典型杂家"——入世出世、教育非教育、流行不流行、能懂难懂之书皆读；无论是文学作品、教育理论、哲学著作，还是宗教名著，乃至奇门遁甲，均会涉猎……《圆明园的毁灭》是王崧舟老师的经典课例。据说，为了上好《圆明园的毁灭》，他反反复复备课，不断优化教学设计；阅读中不断拓宽对圆明园、对中国历史的认识，不断形成新的教学思想……

语文教师的素质决定语文课堂的效度，只有不断学习，不断实践，提高自身素质，才有上好语文课的希望。

秘诀之二："能正确解读文本和有效把握教学生成。"好的语文课堂首先基于对文本的正确解读。"凡事预则立，不预则废。"王林波教授强调："只有深入理解教材、精准地解读教材、创造性地处理教材，课堂才会灵光闪现、新意不断，学生才会入情入境，全身心地投入到课堂学习中去，获得语文素养的提升。"文本的解读决定教师课堂站位的高度，关涉教学的效率，意义非凡。课堂教学讲究"一课一得"。"文本"是大于"课文"的一个概念，它包括"课文"，也包含其他相关联的教学信息。每篇课文，可用于教学的点多面广，但如果教学不讲究"一课一得"，很随性、很随意地抓着什么教什么，想教什么就教什么，那我们的教学和学生的成长就不可能梯度晋级，不但会造成教学的无序混乱，更糟糕的是可能影响学生的发展。苏霍姆林斯基认为"人是教育的最高价值"，可见"一课一得"的重要性。在新教材背景下，要注意教材编排特色，立足单元语文要素，发扬课文优势特点，从细解文本开始，对文本进行多元而深刻的解读，在充分解读教材的前提下，加工处理好教学资源，删繁就简，取用最能体现"这一课"教学价值的内容进行教学，使这一课上成"这一课"。

特级教师孙双金，拥有研究生学历，在小语老师的眼里可谓"才高八斗""学富五车"。但为了上好《走近李白》这一课，他可谓"皓首穷经"——立足文本，反复查阅资料，从多个角度，寻求不一样的路径，走近李白，剖析李白。"李白是儒""李白是道""李白是侠""李白是仙"，全方位、立体化地对李白进行解读，不断丰盈李白的形象，对接学生的成长所需，不断建构和完善教学思想……孙老师在教学设计过程中，还反反复复思忖，易稿多次，最终让我们欣赏到了富有诗意、精彩纷呈的课堂教学——《走近李白》。名师尚且如此费时费神地解读文本，作为普通老师的我们怎能不做好文本解读的功课？精彩的语文课堂是从细研文本开始的。能正确解读文本，教学才可能做到"心中有本""手中有法"，知道"教什么""怎么教"，就会有自己的教学思想，不会人云亦云，成为他人的传声筒。

教学是知易行难的事情，解读文本、教学设计和教学行为的实施之间有一定的距离，甚至是隔着一道鸿沟。教学是交往互动的过程，不应该、也不可能拘泥于预设的程式，因为学生是活生生的人，是有个性差异的人。杜威说："教育即生长。"只有关注学生的个性动态生长，为他们实施适合的、差异性的教学方法，满足其个性发展的需求，才能让他们各自的潜能得到充分的发掘与展现。"预设"能让教学有目标，活动有计划；"生成"则是对教学过程生动可变性的概括，生成出来的往往是可遇不可求的教学资源。预设和生成有机融合的课堂才是关注生命、有效成长的课堂。利用好生成资源，能让教学更显学生学习的主体性。

秘诀之三：课堂中体现"三味"。一堂好课的标准是什么？仁者见仁，智者见智。华东师范大学教授叶澜认为，一堂好课大致表现在五实：扎实、充实、平实、真实、丰实。王崧舟老师认为，一堂好课的标准应该有三味：语文味、人情味、书卷味。

细细思量，叶澜教授的观点和王崧舟老师的观点性质是一样的。

"语文味"指对语言文字的娴熟运用，即能动情诵读、静心默读，会品词品句、咬文嚼字，懂得如何通过圈点批注留下思考的痕迹。"语文味"不就是语文课堂的"真实"与"扎实"吗？

"人情味"指人的情趣与味道。如果教师的教学语言和教学方式枯涩乏味、机械刻板，课堂缺乏人文的关怀，缺乏充满暖意的价值引领和赏识尊重，课堂怎能"平实"和"丰实"呢？

"书卷味"则要引导学生在书本中走来回，让学生多读书、好读书、读好书，读整本书，扩大学生的阅读面，增加学生的阅读量，提升学生的阅读品质。其实，这也是在强调要加大学生对语言文字的阅读实践，要把住语文的本真，实施语文的本真教学。"扎实、充实、平实、真实、丰实"归一在语文教学的本真上，归结在学生语文学习的真味里。

教学资源引进要适度、适当、适机

　　小学语文统编版教材六年级上册第5课的《七律·长征》，毛泽东笔下一首大气磅礴的诗，颂扬了红军战士英勇无畏、乐观进取的革命精神。曾经一位老师在县公开课执教本课：开课环节，首先以电影《长征》片段导入教学，接着组织学生谈观影感想，讲解长征线路图，并整合了大量图片、文字资料来作证长征之艰难，同时让学生了解其他描写长征的诗词，用时约十八分钟；了解"七律"这种诗体特征用时约两分钟；课堂结尾谈收获和拓展延伸用时约五分钟。整堂课，在诗句学习之外费时约二十五分钟，仅用十八分钟便学完《七律·长征》。在学诗句的过程中，老师插入了一张乌蒙山高空拍摄的照片。这不禁引发我关于语文教学本真以及教学资源整合的思考。这位老师如此教学，无疑异化了语文教学的本质，资源引进不适机，也不适度，反映了这位教师教学本真意识不强。

　　语文教学一定要牢语文的根，固语文的本。于永正老师认为：语文教学要在"求实"的基础上"求活"，要在"求真"的基础上"求新"。语文的"实"与"真"在哪里？《课标》强调："语文课程要致力于学生语文素养的形成和发展。"《课标》还强调"语文是实践性很强的课程，应着重培养学生的语文实践能力，而培养这种能力的主要途径也应是语文实践"。著名教育家钱梦龙老师认为，语文教学的根本任务是"对学生听说读写能力的培养，并将思想道德修养和审美情趣的提升、良好个性和健全人格的形成有机渗透，体现工具性和人文性的和谐统一"。语文学科的特点、《课标》要求、名师观点等都在说明语文教学的本真就是"引导学生在语文实践中形成语文实践的能力，全面提升语文素养"。因此资源引进要适度、适当、适机。

一、资源引进要适度

　　我们再看这位教师的教学，首先资源整合不适度。一节课四十分钟，约二十五分钟，超过一半的时间游离于学生的语文实践之外，给人的感觉是"这样的课有点像语文课，有点像思想品德课，又有点像历史课，不是纯正地道的语文课"。资源引进是有必要的，尤其某些课文或课文中的某些内容，承载的信息远离当下的现实，远离学生的认知，如果不引进资料辅助教学，学生难以理解。但是，资源引进一定不能泛滥，要适度。语文课，定要落实在"语"和"文"上，上成真正的语文课。何为适度？首先体现在时间上的量化。我曾对王崧舟、贾志敏、于永正、窦桂梅等八九位名师的近八十节阅读教学课作了分析与统计，发现他们的课没有一节资源引进时间超过十分钟，他们主要带领学生涵泳文本，感受语言文字的魅力，发现语言形式与内涵的秘妙。正因如此，他们的课放射出语文的光芒，彰显着学生学习的热情和成长的蓬勃，得到专家的认可，成了广大一线教师课堂教学的风帆与标杆。一节课引进多少资源，引进资源的时间占比多少，不能硬性规定，得因文而异，因课而异，一定要适度。不少老师的课堂，尤其是公开课的课堂中，资源引进泛滥并不鲜见。究其原因之一：有相当一部分老师知道语文学科教学要着重培养学生听说读写的语文实践能力，但具体到一篇课文的教学，怎样一课一得，一文一得，重点是"听说读写"哪一块的实践，主要"听说读写"什么，便模糊了。每篇课文听说读写的语用实践点多如繁星，学生语文实践的侧重点如何确定？在统编新教材背景下，应从课文的特点出发，结合单元语文要素来确定。资源的引进要利于教学重点的突出。

　　毛泽东的《七律·长征》编排在统编小学语文六年级上册第二单元。这首诗脍炙人口，大家耳熟能详。

七律·长征

红军不怕远征难，
万水千山只等闲。
五岭逶迤腾细浪，
乌蒙磅礴走泥丸。
金沙水拍云崖暖，

大渡桥横铁索寒。

更喜岷山千里雪，

三军过后尽开颜。

从题目就可看出，这首诗担当了"长征"这个宏阔的主题，显得磅礴大气，但它的表达重点很明确——"红军不怕远征难，万水千山只等闲。"主要表现的是红军战士英勇无畏、积极乐观的革命精神。也就是说，全诗是紧紧围绕总起句"红军不怕远征难，万水千山只等闲"来写的。首联"红军不怕远征难，万水千山只等闲"是诗的主旨、全诗的灵魂所在，是对红军战士革命英雄主义精神的高度概括。颔联、颈联、尾联抓住典型意象对红军战士的革命英雄主义精神进行具体阐述。

我们再看所在单元语文要素："了解文章是怎样点面结合写场面的；尝试运用点面结合的写法记一次活动。"

《七律·长征》为了突出诗的主旨采用了"先概括后具体"的写作手法，虽然它不等同于"点面结合"，但依然能"合并同类项"。因此，这首诗学生语文实践和资料引进的重点应落在"作者是如何借助先概括后具体这种写作手法表现红军战士英勇无畏、积极向上的革命豪情的"，抓住关键意象和事件引进资料，帮助学生理解乌蒙山的"磅礴"、五岭的"逶迤"；感受"飞夺泸定桥"的凶险、"巧渡金沙江"的巧妙……适当补充红军战士遭受的诗外之"难"——忍饥挨饿、遭受敌人的围追堵截等，画龙点睛地穿插在学生对诗的品读过程中，给学生以视觉、听觉和心灵的冲击与震撼，为他们创造身临其境的学习情境，感受文字的力量，洞见字里字外红军战士的英雄豪气。

二、资源引进要适当

回顾前述那位老师的教学，他在学生学习诗句的过程中插入了一张乌蒙山的高空拍摄照片帮助学生认识乌蒙山。"乌蒙磅礴走泥丸"，乌蒙山，作者重点表现的是"磅礴"之势，说明气势雄伟的乌蒙山难以翻越，用高空拍摄的照片，反而显得矮小，难以呈现气势之雄伟，反而制约了学生对"磅礴"的理解感悟，倒不如让学生联系生活实际去想象，或用仰视拍摄图，凸显乌蒙山的高大险峻。

林升的《题临安邸》编排在统编教材五年级上册第四单元。

题临安邸

[宋] 林升

山外青山楼外楼，

西湖歌舞几时休？

暖风熏得游人醉，

直把杭州作汴州。

一位老师执教这首诗时，在课堂上呈现了一幅自己创作的，表现皇帝游西湖的醉态图。大家眼前一亮，因为绘画技艺确实了得，但这幅画的出现却破坏了诗的意蕴。我们要思考：这首诗中的"游人"是谁？为何称其为"游人"？首先，这游人是那些把国民置之脑后，只顾自己寻欢作乐的当政者，虽然头目是皇帝，但还有他指；其次，这"游"有表层意思和深层意思——表面上是写身形的游玩；更深层次是讲当权者思想的游离。当权者流离失所，从本应该在的"汴州"来到"杭州"，成为异乡客。本应该对国家前途和百姓命运担当履责的，"游人"们却不务正业、无所作为。他们醉生梦死、纸醉金迷、屈膝投降、偏安一隅……为什么将"当权者"称为"游人"？我不由想到封建社会令人发指的文字狱，想到明朝高启因作诗"小犬隔墙空吠影，夜深宫禁有谁来？"而被腰斩；想到苏轼的乌台诗案；想到关于千古词帝李煜死的传说——因为所作诗句"故国不堪回首月明中"而被宋太宗赐死……"游人"醉态万方，极尽享乐。作者借助"游人"之"醉"含而不露地以乐景写哀情，反衬情感的悲切。在教学中，老师要做的是，让学生了解历史背景，并根据诗句结合背景展开合理想象，走进深邃的审美境界中，去发掘、体悟深沉意蕴，感受"游人"的丑陋思想和卑鄙行径，激发心中的愤激之情和爱国之志，与作者达到情感的高度共鸣。

三、资源引进要适机

老师似乎习惯了在开课环节和结课环节引进资源：开课用于铺垫叙事、激发兴趣，结课用于拓展延伸、升华情感。有老师曾经询问于我：是否可以在教学中间环节插入资料？无疑折射出资源引进有机械化、程式化倾向。资源的引进是为了帮助学生提升语文实践的效率和能力，应该以此为基准，根据需要灵活选择时机和内容。

《圆明园的毁灭》是统编教材五年级上册第四单元的一篇精读课文。浙江省永康市实验学校倪静川老师发表在《小学语文教学杂志》上的《圆明园的毁灭》的教学设计，关于圆明园的"辉煌"，作者主要通过引导学生朗读品味，并没有视频和图片的引进，然而效果非常好。老师首先抓住思维的矛盾点，让学生带着问题"题目是《圆明园的毁灭》，为什么花那么多的笔墨写圆明园的辉煌呢？"品读相关的段落，边读边批注，并结合自己课前搜集的资料去体会最能体现辉煌的语句。在老师的巡视中，在学生的汇报交流中，引导学生抓重点词发现布局之巧妙；抓关联词体会建筑之宏伟；读好停连感受文物之珍贵。关于"圆明园毁灭"的教学，也主要通过前后对比体会：首先圈画词语，交流体会。老师从以下几个维度引导交流：侵略者行为之野蛮；大火焚烧持续时间长；掠夺范围广；毁坏程度深；侵略人数多。在此基础上朗读前面对"辉煌"的描写，接着用视频再现圆明园遭受毁灭的场景，将学生的认知和情感推向高潮。这个视频的引进恰到好处。

我们再走进名师王崧舟的课堂教学，王老师也执教了《圆明园的毁灭》，他从破题开始就开启了学生的语文实践活动，整个教学流程，老师抓住关键词句、关键写法，让学生品读有味，深切品悟作者蕴含在文字里的脉脉温情。学生在咀嚼词语、品析语句、体会写法中评价、比对、联想，或静思默想，或低吟曼诵，或激情昂扬，依托文本的特色，在语言文字的浸润濡染中，提升语文素养。学完课文后，为了拓展对圆明园毁灭的认识，引进一个阅读材料；为了蓄势促写，在文本感悟的基础上，再生一把"火"，播放再现圆明园毁灭现场的视频，让学生的情感更加奔涌蓬勃。

资源引进只有适度、适当、适机，才能有效提升学生的学习效率。资源引进在"效"，不在"多"。

诗歌教学要注意"象"中之"意"
——以《芙蓉楼送辛渐》教学为例

　　意象是诗词最基本的审美单位。"意"是诗人的主观情志，"象"是客观事物；"象"是"意"的载体，"意"是诗人的心"象"。"意""象"有机融合，诗词才能出真味、显境界，读者才能与诗人的心灵"完美邂逅"。"象"是外显的，学生容易捕捉，因此教学的重点应放在隐藏的"意"上。下面，我们以王昌龄的《芙蓉楼送辛渐》为例，品味诗词中的"象"中"意"。

　　王昌龄，唐朝边塞诗人的翘楚，被誉为"七绝圣手"，创作出许多脍炙人口的名篇，其中作品《出塞》是边塞诗的巅峰之作。《芙蓉楼送辛渐》是王昌龄贬为江宁（今江苏南京）县丞时所作，是经典七言绝句，也是广为流传的送别诗。同题之下，有诗两首：一首云"寒雨连江夜入吴，平明送客楚山孤。洛阳亲友如相问，一片冰心在玉壶"；另一首则云"丹阳城南秋海阴，丹阳城北楚云深。高楼送客不能醉，寂寂寒江明月心"。诗题乃诗文之门户，我们从诗题中便可知两诗内容的一致指向——为送别友人辛渐所作。前一首写清晨江边送别，后一首写头晚为友人饯行。今天我们解读的是江边送别之作。

一、"寒雨"寄情情满天

　　"寒雨连江夜入吴"意为"秋冬时节的冷雨连夜洒遍吴地江天"。"寒雨"，秋冬冷雨，在点明季节的同时，渲染出离别的黯淡气氛。王昌龄在江宁为辛渐饯行，又从江宁送辛渐至润州。送行之路长亭更短亭，短亭又长亭，情何其真，意何其切！"悲落叶于劲秋，喜柔条于芳春。"即景生情，别离之时的雨，如同别离的笙箫，诱得友人愁绪满腔。愁绪与烟雨一起交织于吴楚天地。雨之"寒"涂抹自然万物，也凝结在这对友人的心间。"寒雨连江入吴"，着一"连江"更见这场秋雨铺天盖地，漫江而来，气势之恢弘、场面之壮阔不可名状、无以言表。且"夜"间袭来又是怎样的凛冽与彻骨，我想非亲历者怕是只得探其一二吧。吴地的江天是"寒雨"的世界，作者伴着纷繁的思绪，睁眼看雨、闭眼听雨、用心嗅雨，雨丝滴滴透着寒，这无边无垠的寒缘于自然，更来自友人的离去，抑或暗藏着其他。这"寒雨"是别离的悲情愁韵。"一切景语皆情语"，"寒雨"是诗中的一个重要意象，置于开篇奠定了整首诗的情感基调——孤寂伤怀。同时，形象生动地传达了友人之间浓得化不开、一旦化开便幻成满天流泻的离情别意。一"连"、一"入"，让画面宏阔起来、活动起来。作者将听觉、视觉和想象概括成连江入吴的雨势，着淡墨染出满纸烟雨。秋雨绵绵恣意挥洒，象征着心中的情感与思潮绵延不绝、辗转不息。这不禁引发读者感慨：哪般友人情谊如此深厚？何种思绪来得如此浓烈？寥寥几字，蕴藉无尽，自然引发读者无限遐思。"境由心造""情由境生"，作者将主观的情和客观的景高度融合，即"意"与"象"的绝妙相遇，将连江去天的情感化为一场有形的迷蒙苍茫的秋雨，酣畅淋漓地泼洒，可谓匠心独运、鬼斧神工。

二、"楚山"衬"孤"孤愈孤

"平明送客楚山孤"意为"清晨，我于江边送别友人辛渐，友人渐行渐远，最后消失在目所不能及的远方，剩下吴楚之山孤立静默"。山孤？人孤？山孤人亦孤？人孤显山孤？"言不尽意""诗无达诂"，读者对于诗歌的解读和赏析是自由的、个性的，可以充分发挥自己的主观能动性去挖掘作品中已有之意和未尽之韵。"一千个读者就有一千个哈姆雷特"，读者可以和诗人落脚诗中意象，合理构建诗歌的意义和价值。附"楚山"之有情，换山成自己，以此表现知己离去的孤独伤感。山本无情物何以言孤独？是孤独之人赋之以孤独。有一位哲学家说"世界是用眼光看出来的，眼光是由心决定的"，心孤寂，所见之物皆孤寂。每首诗的创作都有源流，经典诗作的每一个字都有出处，追根溯源方能识其诗性、见其诗心、品其真味。王昌龄早年贫贱，困于农耕，年近不惑，方中进士，好不容易入仕，仕途却坎坷曲折。王昌龄堪称正义之化身，当他得知张九龄被罢相，赋诗表同情，触怒李林甫等当朝权贵，被贬至岭南。49

岁时遇朝廷大赦，由岭南返长安。但仅隔一年又调离朝廷赴江宁，后因"不护细行"从江宁谪至更为偏远的龙标。凡此种种，王昌龄这位被尊为"七绝圣手""诗家夫子"的盛唐诗人，伴随着被贬生涯，一路遭受谤议，甚至是谤议沸腾，《唐才子传》有云："奈何晚途不矜小节，谤议腾沸，两窜遐荒，使知音者喟然长叹，至归全之道，不亦痛哉。"出生贫寒、一贬再贬的王昌龄，人微言轻，无力改变局势，只得将贬谪的失意、不公的屈辱、报国无门的苦闷……强压在心底，化之于山，寄之于水，于是他眼见的"楚山"是令人"凄神寒骨，悄怆幽邃"的，在友人离别远行之际更是孤独上添凄寂。"平明送客楚山孤"，诗人心中蓄满的孤寂之"意"，被"楚山"之"象"，点化了，渲染了。诗人彻骨伤神的种种凄寂——赋予无言的楚山……

三、"玉壶冰心"耀千秋

"洛阳亲友如相问，一片冰心在玉壶。"意为"到了洛阳，如果洛阳亲友问起我，请转告他们，我的心依然像玉壶里的冰那样晶莹纯洁"。托物明志，感人肺腑。"玉壶"与"冰"结合成了"高洁操守"的意象。古有诗云"周苛慷忾，心若怀冰"（陆机《汉高祖功臣颂》）"直如朱丝绳，清如玉壶冰"（鲍照《代白头吟》），盛唐诗人王维、崔颢、李白等都以冰壶自励，表达自己澄澈的品格。"知人论诗""以诗解人"，王昌龄"一片冰心在玉壶"表达了自己"清水出芙蓉，天然去雕饰"的纯粹与日月般的高风亮节。王昌龄遭受谤议，且谤议沸腾之际，虽感无奈与孤寂，但却没有在人生字典里写下"妥协"二字。他不惧谗言、不媚俗、不低头、不折节，恪守正道、坚守本心，保持"出淤泥而不染，濯清涟而不妖"的高洁本真。"冰心"，指像晶莹的冰一样纯洁的心。"玉壶"是用典，从字面看是指用澄澈透明的玉所做之壶，更深层的指向是道家教义的虚无之心。"无所求行""人到无求品自高"，王昌龄无欲则刚，所以始终"一片冰心在玉壶"，哪怕一贬再贬，哪怕诽谤如潮逐浪高，也要"我自高洁向天行"……"物以类聚，人以群分。"王昌龄结识的都是心怀家国、旷达为仕、品自高洁的贤士，如李白、岑参、高适、王之涣、王维、孟浩然……

古典诗歌讲究起承转合，这两句承接一个"孤"字，转得精妙。叶嘉莹先生说"诗既言情也言志"。这首诗的前两句是"言情"，后两句是"言志"。作者将前面孤寂沉郁的情，转向了清朗明澈的志。志中蓬勃的是非凡的气度和豁达的胸襟，因此，读者不但未被抑郁之情锁闭，心中反多增了几分孤傲之气。"一片冰心在玉壶"提升了诗的风骨和价值。"冰之心"即"我之心"，晶莹透亮中映射出诗人"身陷沟渠，仍旧仰望星空"的胆识与品性；坚信正义必定来临的豁达心境；以及遗世独孤，傲然坚守的高贵情怀。它们如一束强烈的亮光，穿透烟雨织就的愁网，跨越时空，大放其彩，照亮人心，照耀众生，释放出强大的感召力。诗最宝贵的价值在于可以不断传达和召唤生命的力量，孕育美好的性灵。我想，这应该是"一片冰心在玉壶"让世人称道的根本原因吧。

意境创造的成功在于内在真情切意与外在万象的完美融合，进而幻化出卓越的艺术之美。迷茫烟雨与心境同味共频，是这首诗创作的一大成功之处。作者即景生情，诗歌情景交融，苍茫之江雨与连绵楚山，是诗人孤寂之情的写照；空灵晶莹的冰心与玉壶，是诗人磊落坦荡心胸和洁身自爱志趣的见证。全诗起、承自然，转、合巧妙，构思精巧，深婉的情、高洁的志，化在清晰明朗的意境中，可谓浑然天成，读来余韵无穷。

诗情画意读中来

"不学诗，无以言。"虽然这里的"诗"特指中国最古老的一部诗歌总集《诗经》，但是"诗可以兴，可以观，可以群，可以怨。迩之事父，远之事君，多识于鸟兽草木之名"是不争的事实。可见读诗大有裨益。

古诗是一种文学样式。任何文学作品都是通过形式和内涵来为读者开启智慧、陶冶情操、习得知识、涵养文学素质的。任何关于文学作品学习的言说都不能背离它。小学语文统编教材主编温儒敏先生提出"古诗教学要引导学生反复诵读，不要进行过多的阐释"，这种教学观点是毋庸置疑的，但不能曲解，不能异化其义。"阐释"是阐明陈述并解释的意思。从温先生的话语中我们可以看出，他没有排斥古诗教学中的阐释。"阐释"可以说是从属"讲解法"。教学有法，教无定法，贵在得法。用得其所，讲解阐释也是不可替代和不可或缺的。那什么时候需要阐释呢？为何提出不过度阐释，要反复诵读呢？如何反复诵读呢？

一、什么时候需要阐释？何谓不过度？

无法凭借语言文字理解，对古诗理解会造成影响的，必须用"阐释"来铺路搭桥。比如一些年代久远的和作品理解密切关联的时代背景、古诗中的用典、古诗中涉及的历史事件等等。像统编教材四年级下册第一单元的《清平乐·村居》，此词的作者生平、所处时代背景，必须借助资料说明，否则，清新活泼笔调之下的"城中桃李愁风雨"的"诗怨"，"春在溪头荠菜花"中的"诗兴"，学生是无法和作者辛弃疾同频共振去感受的，就会导致领会不了词的主旨。统编教材六年级下册第一单元古诗《寒食》的教学，寒食节的来历、汉宫传蜡烛的相关历史，凭借文字，学生是无法知晓的，如果不清楚，就无法理解这首诗用典之巧妙，就不能通过所用之典，深刻体会外戚得宠专权的腐败现象，文中的对比表达手法以及诗人对当时外戚得宠专政的腐败现象的委婉讽刺，就很难真正纳入学生的阅读体验中，那么，这首诗在学生的阅读理解里就会显得很苍白。

如何叫不过度阐释？当阐则阐，当释则释。这种"适当"，无法量化，要因诗而异，因生而异。学生自己能做的，教师绝对不拦在前面，不越俎代庖。即便是学生能力还不是很够得着，也要关注他们的最近发展区，让他们跳起来摘桃子，跳起来摘不着，就给支架，为其搭梯子，摘不到桃子，体验学习的过程也是成长。

二、为何不能过度阐释，而要反复诵读？

（一）学生成长所需

教育的核心魅力在于提升人与改变人。我们教育的出发点和归宿都是学生的成长，这是不容争辩的共识。教师一言堂，把学生视为接受知识容器的积习，严重制约学生在教学中的成长。因此，20世纪末，我国基础教育改革引进北欧母语教学观念，突出学生学习主体性，提倡充分发挥学生学习的主观能动性。人才培养模式既要适应社会发展需求，也要适应国家建设需求。社会的发展迫切需要能主动学习的自主创新性人才，教育部顺势而为，将学生的自主学习，以法规的名义写进了课程标准。充分让学生自主学习，凸显学生学习的主体地位，是所有教学应遵循的不二法则。学习古诗，不过度阐释，就是要让学生借助古诗去涵泳，在自主、合作、探究中感受古诗的魅力，吸纳文化，传承经典。

（二）诗的特性决定的

"诗无达诂。""言，心声也。""情动于中而行于言。""诗言志，志本在心，言之为诗。"诚如王夫之所言："作者用一致之思，读者各以其情而自得……人情之游也无涯，而各以其情遇，斯所贵有诗。"诗人的本意是客观存在的，也有其特定性。但用语言这种媒介编制、传递、接收、解译诗文的过程中，由于创作者与接受者存在阅历、生活体验、观念、品性、语言的敏感度、认知水平的不同，读者要对作者在诗中表达的意蕴做出绝对准确而透彻的解释是不现实的，读者和读者之间又有个性差异。"诗无达诂"还由古诗自身的特点决定。古诗是高度概括反映社会生活的，内涵具有丰富性、宽泛性、不确定性，语言有多义性和复杂性，往往"言不尽意，意在言外"，这就导致和其他文体比，古诗阅读更会出现"一千个读者就有一千个哈姆雷特""智者见智，仁者见仁"现象。可见，古诗教学更多的是要让学生进行个性化的品读体味。有一次，我在执教王之涣的《登鹳雀楼》时，学生提出了两个很有意思的问题。问题一："依山尽"说明太阳快要下山了，快要下山的太阳光线显得没有那么强烈，看起来是红红的，怎么说"白日依山尽"呢？问题二：太阳已经下山了，为什么还能"穷千里目"，看到好远的地方呢？这是两个很有思维含量的问题，我给足时间让学生小组讨论、班级交流。学生个性飞扬，思维像开闸的洪流，有的说"'白日'应该指白天的太阳"，有的说"'白日'可能是古人对太阳的一种说法，不管看起来什么颜色，都成为'白日'"，有的说"作者上午或者下午，甚至是早上就在鹳雀楼上，看着白白的太阳逐渐下落，最后'依山尽'"，有的说"作者'欲穷千里目'的'欲'表明是心中的想法愿望，并不是说他眼前一定见到了"，有的说"作者不是黄昏时登的楼，他在楼上确实看到了很远的地方"，还有的说"这是作者由衷的感叹，在传达一个道理"……

（三）由教材中的诗的特性决定的

入编小学语文教材中的古诗，无论是古体诗，还是近体诗，都是脍炙人口、朗朗上口的，滋味浓厚，甘醇而不生涩，适合各年段学生阅读。这样的古诗适应于"书读百遍其义自见"。

三、 如何反复诵读

反复不是机械重复。诵读的目的是为了用更好的学习方式对诗进行理解感悟。首先要因年级而异，选择合适的方法指导诵读。《课标》在"阶段目标"里对古诗文的学习是这样表述的： 第一学段"诵读儿歌、儿童诗和浅近的古诗，展开想象，获得初步的情感体验，感受语言的优美"；第二学段"诵读优秀诗文，注意在诵读过程中体验情感，展开想象，领悟诗文大意"；第三学段"诵读优秀诗文，注意通过诗文的语调、韵律、节奏等体味作品的内容和情感。背诵优秀诗文60篇（段）"。《课标》明确了各年级古诗教学的方向和目标水平。诵读要利于达成这些目标水平。

其次要因学情而异，选择合适的方法指导诵读。如，低年段的孩子兴趣更重外在的激发，因此指导朗读的外在形式要多一些：接读、范读、引读、配乐演读、分角色读、赛读……根据诗的特质灵活运用。要引导学生入情入境地读，要读懂意，要读出形、读出情、读出味……越往高段走，越要注意通过诵读培养学生的内在兴趣，诵读方式的选择应更为自主，更对接诗的内核，更对接诗的文学气质。

跟着诗词去旅行
——诗词品读综合学习活动

　　《课标》多处强调：要引导学生吸收中华优秀传统文化。习近平总书记在十九大报告中指出："深入挖掘中华优秀传统文化蕴含的思想观念、人文精神、道德规范，结合时代要求继承创新，让中华文化展现出永久魅力和时代风采。"经典古诗文是古代文化的瑰宝，是祖国传统文化的精华，它文质精美、内涵丰富，陶冶情操，涵养审美，给人以精神的享受和思想的启迪。

　　因古诗文教学意义重大，所以统编新教材增设了大量古诗文。古诗文"古"字当头，是历史发展的特定产物，带着强烈的时代烙印。古诗文距离当下时空遥远，学生对它的感受、理解脱离了相关的时代背景和其他成诗的元素，思维少了支撑和依托，再加之语言习惯和语用规律的不同，学生学习古诗文与学习现代文相比难度更大。小学阶段教学，如何减缓学习古诗文的坡度？如何让古诗文教学充满活力，让学生兴致盎然地领略古诗文的曼妙？这是教育工作者需要思考的命题，为此笔者进行了不少尝试。

　　闲时，偶遇一档"藏在风景里的诗词"栏目，深受启发。

　　蒙曼老师说：中华文化和美丽山水水乳相融，青山绿水，骚人墨客共同成就了独具中国审美的美丽风景。风景是诗词的灵魂，诗词是风景的载体。读诗吟词，穿越千年与诗词里的风景相遇相见；虽与风景里的诗词远隔千秋，却依然为之怦然心动。"会当凌绝顶，一览众山小"是杜甫登顶泰山时抒发的豪情壮志；"飞流直下三千尺，疑是银河落九天"是李白畅游庐山后留下的美丽诗行；"欲把西湖比西子，淡妆浓抹总相宜"是苏轼对醉美西湖的深情告白……美景与诗篇交相辉映，相得益彰，彼此成就。我们游览胜景，更要吟咏诗词名篇。教师领着学生以旅行的方式学习诗词，赏诗词亦赏美景，一字一词、一行一阕中丈量祖国的每一寸山河。此举不可谓不是一场浪漫美妙的旅行。

　　"跟着诗词去旅行"意在通过丰富别致的学习活动，激发学生对于诗词阅读的兴趣，扩充诗词阅读的广度和深度，丰富积累，初步领略诗词文化的魅力，提高学生的审美情趣。具体实践，教师应发散思维，运用多种思路设计"跟着诗词去旅行"学习活动。

比如，先出示诗文，让学生根据诗文找对应的名胜和相应的地方，在地图上予以标示；再回归诗文内容，发现并记录诗词中所描风景的特点 。独学之后合作交流，待时机成熟，开展"跟着诗词去旅游"的读书活动。活动中，可以让学生根据标示和记录，设计诗词风景游览路线，当当小导游，制作诗词风景书签，编画创意诗词风景画册，完成诗词风景名片PPT，评选"我心中的最美诗词风景"，等等。可以个性展示，有创意地介绍诗词中风景的魅力。能背出古诗文作为竞赛加分的项目。

再如，不少诗词带着深刻的地理基因、人文风尚，演绎着创作者沉浮跌宕的人生机遇，典藏着社会发展的印辙，反映了不同时代的荣辱兴衰。每每读到它们，眼前好像呈现出一幅有情趣、有意境、有思想的艺术画卷；仿佛飞扬着一张张鲜活的面孔，跳跃着一个个高贵的灵魂，又恰似铺展开波澜壮阔的历史。名与利，入世或是退隐；家与国，庙堂或者江湖，怎奈俶尔无形。因此，学有余力的同学还可以透过诗词描绘的风景，了解诗人的平生遭遇、创作背景，洞察诗人的创作心境、思想情怀、政治抱负等等，赏景读诗识人，与崇拜的诗人神交共情。具体实施诗词小达人小导游竞赛，以及"我与诗人对话"情景剧体验活动。

活动开展前期，教师应首先做好前置性工作，摸排清楚哪些风景诗词适合小学生学习，甄别、筛选后，画出相关的诗词风景地图，让学生找位置、标诗词，依据诗词标注诗词风景的特点。

在实践操作时，建议设置评价量表，建议多对学生进行正向鼓励、可操作性指导，用皮革马利翁效应激励学生，注意让学生量力而为，也应关注学生诗文学习的最近发展区，要求落得太低或目标定得过高，都会影响学生兴趣生发。趣为先导，无兴趣则学习乏力，学习效率势必低下。

附实践操作案例两则：

（案例一则）

步骤一：教师先出示描写山水的古诗四首。

望庐山瀑布

李 白

日照香炉生紫烟，遥看瀑布挂前川。

飞流直下三千尺，疑是银河落九天。

饮湖上初晴后雨

苏 轼

水光潋滟晴方好，山色空蒙雨亦奇。

欲把西湖比西子，淡妆浓抹总相宜。

望 洞 庭

刘 禹 锡

湖光秋月两相和，潭面无风镜未磨。

遥望洞庭山水翠，白银盘里一青螺。

滁 州 西 涧

韦 应 物

独怜幽草涧边生，上有黄鹂深树鸣。

春潮带雨晚来急，野渡无人舟自横。

步骤二：让学生在中国地图轮廓图中，查找诗词对应的城市以及相对准确的位置，做好标注。

步骤三：借助工具书、书本资料、网络资源以及家长的协助，理解诗意，提炼记录诗词风景的特点。

步骤四：创意吟咏，将诗意转化成现代小诗或优美文段，用诗词中的某一意象制作诗词风景书签，编画诗词风景画册等个性化子项目。

步骤五：规划好游览路线，开展"我为×××代言"最美诗词风景评选活动，撰写颁奖词，举行授牌仪式。（选同一首诗的学生为一组，接力展示吟咏诗词、演绎创意小诗或文段、诗配画作品、诗词风景名片PPT等）

（案例二则）

步骤一：教师先出示描写四大名楼的古诗各一首。

登 鹳 雀 楼

王 之 涣

白日依山尽，黄河入海流。

欲穷千里目，更上一层楼。

黄 鹤 楼

崔 颢

昔人已乘黄鹤去，此地空余黄鹤楼。

黄鹤一去不复返，白云千载空悠悠。

晴川历历汉阳树，芳草萋萋鹦鹉洲。

日暮乡关何处是？烟波江上使人愁。

滕王阁诗

王　勃

滕王高阁临江渚，佩玉鸣鸾罢歌舞。

画栋朝飞南浦云，珠帘暮卷西山雨。

闲云潭影日悠悠，物换星移几度秋。

阁中帝子今何在？槛外长江空自流。

登岳阳楼

杜　甫

昔闻洞庭水，今上岳阳楼。

吴楚东南坼，乾坤日夜浮。

亲朋无一字，老病有孤舟。

戎马关山北，凭轩涕泗流。

步骤二：让学生自画一幅中国地图轮廓图，查找四大名楼对应的省份以及相对准确的位置，做好标注。

步骤三：借助工具书、书本资料、网络资源以及家长的协助，理解诗意及诗人表达的情感，重点了解四大名楼所处的地理位置及其由来、历史典故。同时关注诗人创作时的时代背景及其生平遭遇、当时处境。

步骤四：根据诗意及诗人所处时代背景、生平遭遇、当时的处境，交流探讨诗人"登高"这一行为，是"登高思人""登高怀乡"，还是"登高怀古"？其背后的情感共线都是难以排解的"愁"。撰写四大名楼的导游词。个人撰写之后班组交流完善。

步骤五：规划好游览路线，根据评价量表，开展诗词小达人最佳小导游比赛。

步骤六：结合诗作和诗人资料内容的补充，开展"我与诗人对话"活动，以小组为单位，根据交流的感悟撰写剧本。学生通过情景剧扮演，感同身受地体会诗人的心路历程，完成一次心灵的旅行。

出示评价量表：

诗词小达人小导游评价量表

评价项目	具体内容	评价等级		我对自己的评价：
地点标示				
对诗的理解				
线路图的规划				

续表

评价项目	具体内容	评价等级		小伙伴对我的评价：
导游词的撰写				
表达能力				老师对我的评价：
对诗的背诵				

扬优势　提效能

——用多媒体技术提升古诗学习的效益

　　古诗是文化瑰宝、文学奇葩、珍贵的文化遗产，能使学生丰富知识、充盈文化、开启智慧、陶冶情操。但因其抽象概括、高度凝练，增加了学生理解的难度，也影响了学生学习的兴趣和效果。多媒体技术集文字、声音、图片、影像于一体，交互性强、信息量大，能突破纸介质载体的局限，再现和模拟各种情境，降低古诗学习的难度，激发学生学习古诗的兴趣，提高古诗学习效率。下面以王维的《送元二使安西》的教学为例，谈如何扬多媒体技术之长，切实提高古诗学习的效益。

无限链接　视通万里

　　"限"即限制。多媒体技术不受时空限制，能穿越历史，让学生视通万里。古诗经历了千年的绵延与沉淀。历史衍变，时空流转，时事变迁，学生无法将历史与现实对接，加之古诗含蓄深刻、凝练跳跃，学生难以走进古诗的情境、意境，因此，在古诗教学中必须将相关的历史资料引进课堂。互联网对各个历史时期的政治、经济、人文都有翔实记载，且记载形式丰富多样，有文字、图片和影像等。多媒体技术能将互联网上的这些资源调集、筛选、编排，以学生喜闻乐见的形式呈现，从而使学生超越时空的阻隔，观古人所为，听古人所言，与作者同忧患、共欢愉。古诗字里行间的情志，也就不再难读懂了。在教学《送元二使安西》时，教师可以用CAI课件呈现唐朝时期的中国版图，版图上标注好"长安""阳关""安西"的位置，让学生形象感知"长安"与"安西"之间的遥远，再借助文字和图片资料的展示，给学生以强烈的视觉冲击，让其充分感受友人是从繁华、富足的"长安"到蛮荒之地"安西"，这样，诗人眼见之状便成了学生目睹之形，诗人之思便成了学生所想，学生的视线与诗人的视线合辙、学生的心和诗人的心相融，诗人对友人的牵念、担忧、依依惜别之情油然浸染学生的心扉，学生与作者思想、情感的共振就水到渠成了。

再现情境　情接千载

古诗语言精湛，含蓄委婉，句式灵活多变，学生很难借助诗句还原古诗所描绘的情境。诗中有画，画中有诗。不能读出诗句所绘之形，就不能入其境，更无法悟其情。"情以物迁，辞以情发。"诗往往是作者情感的载体，古诗学习离不开"情"之弦。

关于古诗的教学，叶圣陶先生曾说过："诗歌的讲授，重在陶冶性情。多媒体图文并茂，形象直观，能生动再现课文情境，把文字描摹的画面在学生眼前、脑海中"立"起来，使其感同身受地去观察、想象、揣摩与探究，走进诗人的内心世界，品悟诗中的情感。《送元二使安西》用最简单的文字表达了朋友间最真挚、最醇厚的离情别意，是唐代最有名的送别诗，也是唐代人共同的骊歌。诗中涉及一种唐代最盛行的风俗——折柳送别。如果不了解这种风俗，就读不透诗中的情，品不出其情之深、之真、之切。教师可以利用多媒体技术呈现生动逼真的视频，模拟或再现唐代折柳送别的场景，将刘禹锡的《杨柳枝词》中有关折柳送别的诗句化为一个个生动的场景，学生就能入其境、闻其声、观其形、品其神、悟其情，就能切身感受到唐朝折柳送别风俗的浓厚。那么，蕴涵于满眼青青柳色中的无以言表的离情别意就会在学生的心中激荡。诗人借物抒情的匠心学生也就能通达明了，诗人与元二之间的浓情厚意便春风化雨般地感染、熏陶了学生。

示范引领　学有所依

古诗对仗工整、平仄有律，讲究音韵，具有音乐的旋律美。古诗不仅具有音乐美，还兼具诗情美、画意美、风格美。可以说，读出这诸多的美，是古诗学习的重要任务。多媒体技术能突破教师与教材的局限，提供高品质的学习示范，有效帮助学生读出这诸多的美。每首古诗节奏的划分、朗读，互联网上不乏经典的示范，不少配乐、配景、配画面、MTV式的朗读堪称典范。一遍遍地聆听、模仿，学生自然能将古诗的音乐美读到位。在教学《送元二使安西》时，教师可以用百度搜出名家孙道临、焦晃的朗读视频，链接至课堂，引导学生用心观察、聆听、模仿。学生在享受和熏陶中会情不自禁地跟着一起朗读，在跟读的过程中渐渐地就领会了。

"情者文之经"，古诗是作者情志的寄寓。古诗凝练跳跃，加之写作年代久远，学生很难准确把握诗中情，体会不到其情之美。如果在课堂上链接名家、名师、名学者对相关古诗情感的解读，看他们是怎样联系时代背景、作者生平，怎样扣住关键字词，把准诗情，感受诗情美，能有效帮助学生品出诗情美。怎么让古诗画面在学生眼前鲜活起来呢？可以利用多媒体技术走进名师课堂，看名师是如何创造情境，引导学生想象画面的。学生可以借助名师课堂创设的情境，依名师之点拨，与名师的学生一道想象画面之美。古诗用个性体现风格，孤立学习很难把握其风格，可以借助多媒体超链接的优势，突破教材的局限，在学习某首古诗时，找准维度，整合链接群或多群古诗或古诗句，在比较、赏析中感悟古诗的风格美。学习《送元二使安西》时，学生可以从互联网上调集名家的解读、赏析，整合学习其他的送别诗，在比较中发现，同样是送别，类型却不同：有谢别，如李白的《赠汪伦》；有恋别，如王维的《送元二使安西》；有壮别，如岑参的《白雪歌送武判官归京》；有阔别，如王勃的《送杜少府之任蜀州》。这样一来，我们的教学就能以点带面了。

便捷释疑　学更轻松

古诗学习难度相对较大，学生在学习过程中会遇到比较多的困难。"学贵有疑，小疑则小进，大疑则大进。"教师对古诗的阅读远不如现代文容易，对古诗的积淀和把握不够，释学生之疑往往力不从心。多媒体能突破教师的局限，便捷、迅速解学生学习之疑，诗句"渭城朝雨浥轻尘，客舍青青柳色新"传递着这样一层意思：青砖绿瓦的旅店和周围的柳树都显得格外清新明朗。明明是送别，充满离情别意，心情应该是灰色黯淡的。怎么在别离之际，诗人眼中的景象能显得清新明朗呢？这是否有些矛盾呢？其实并不矛盾。那怎么消除学生内心的疑惑呢？教师可以利用多媒体技术将互联网上相关的信息链接到课堂。

安西，是唐朝中央政府为统辖西域地区而设的安西都护府的简称，治所在龟兹城（今新疆维吾尔自治区库车县）；都护府是唐朝设置在边境地区的军政合一的最高权力机关，有完整的组织机构，都护的职责是招抚安置归附的各部族，维护本地区的统治秩序，对付外来侵扰，考察所属官员政绩，给予赏罚，镇压叛乱。王维的朋友元二受朝廷重用，是奉朝廷之命去安西的。通过历史资料的引入，学生心中便会豁然：诗人与友人之间纵然有千般万般的难分难舍，但诗人想到友人是为了奔赴重要岗位，大展宏图、建功立业，心中自然产生对友人美好前途的憧憬，诗人眼前景象的清新明朗就不难理解了。生活在交通发达时代的学生，脑海中还会打上这样的问号：不就是到远方赴任吗？怎么感觉就像生离死别似的？有必要吗？教师可以通过多媒体技术向学生呈现，当时最好的交通工具是马车，呈现路途的坎坷、崎岖，呈现当时落后的通信方式，引导学生想象元二在去安西的漫漫征途中可能会遇到的诸多困难。三千多公里的路途，即便坐马车也得半年之久，步行就可想而知了，经春历夏，甚至还得经秋历冬，可能在前不着村后不着店之时遇上狂风暴雨，可能在体力不支之时遇上虎豹，可能在饥饿交加之时患上疾病……教师再引导学生想象离别之后，书信即使经过千遍转寄，还是难以寄达遥远的处所，即便寄达，也许收信人已漂泊到了他乡……让学生真切感受诗人与友人的别离很可能就是永别，从而让诗人与友人间深沉、厚重的情谊在学生的心中产生强烈共鸣。

总之，扬多媒体技术之优势，能突破教材、教师的局限和时空的制约，为学生学习古诗搭建桥梁、增添情趣，提高效率。

以演促读　以演助悟

　　童话、寓言是学生成长的摇篮。寓言，故事虽小，但潜蕴特质，精辟入理，意蕴深厚，闪射着哲理的光芒。寓言的育人功能不可小觑，引领学生追求真善美、鞭挞假恶丑，荡涤思想尘埃，匡正心路。因此，统编新教材中编排了不少的寓言。但寓言和其他儿童故事相比，读起来没有那么活泼亲切，因为它重在故事中蕴含的道理。要明白寓言中的道理，路径在故事里，只有读懂故事，方能披文入理见真章，沿波讨源解寓意，否则"皮之不存，毛将焉附"！寓言人物和故事情节都比较单纯，有些可以让学生演一演，以演促读，以演促悟，走进故事，体验角色，真正明白故事蕴含的道理。

　　《陶罐和铁罐》是统编教材三年级下册第二单元的一则寓言故事。故事讲述的是一只铁罐非常傲慢，依仗自身坚硬不易碎的特点，一直讥笑、嘲讽、蔑视易碎的陶罐。陶罐却始终那么谦逊有礼。世事变迁，铁罐、陶罐深埋地底，许多年过去了，陶罐重被掘出地面，他不计前嫌，担忧铁罐的安危，请求人们把铁罐掘出以重见光明。遗憾的是铁罐已被氧化得无踪无影。故事说明：人各有所长，也各有所短，要相互尊重。活泼好动、爱表现是儿童的天性。教学时，教师可以先亮出道具，比如头饰，然后宣布要在课堂中演演故事，学生精神提振、欲望大兴，教师以"演"为饵，以演为径，促进学生理解感悟，提醒学生：谁的学习态度最好，谁就有机会上台演一演。"最好"一说是智慧，如果换说"谁态度好谁来表演"，就不妥了。因为兴趣使然，学生们都会认真起来，全班上台表演不现实，选一部分孩子上台表演，未上台的学生心里会犯嘀咕：明明我也很认真，怎么就不叫我呢？有的孩子甚至会产生不好的情绪。"最好"是教师说了算，因为学生无法判断自己是否是"最"中的一个，如未被老师叫上台表演，他们还可能会自省：别人比我更认真，下次我得表现更好。

一、演前读一读

首先读懂故事，知道人物。用问题"故事的主人公是谁？故事的起因、经过、结果是什么？"驱动学习，在独学的基础上，合作学习，画出人物关系和故事结构思维导图，并在班级交流展示。其次，读懂人物的特点。用任务"用序号标出铁罐和陶罐进行了几次对话；用不同的线条分别画出他们的话语，自己根据话语内容、标点符号、提示语，前后贯通去揣摩人物说话时的语调、语气、动作、神态，先自话自演，然后同桌分角色演一演"驱动学生学习。教师巡视指导，关注学生的表现，遴选出表演者。

二、演中评一评

表演的学生戴上头饰到台前演一演，台下学生既当看客，也当评委。按文中的表达演，用表演再现课文情境，体会情境，进入角色，加深对故事的理解、记忆与感悟，促进语言表达能力的提升，同时，锻炼胆量，提高舞台表现力。观演学生对照课文，评一评、议一议：人物的话语、神态、动作演得对不对？角色形象是否演得形神兼备，演得鲜明？有哪些地方需要改进？如何改进？通过"演"与"评"让学生的思维、情感、语言在文本中走来回，走出自己个性化的理解与体验，真正地学会"用两只眼睛看文本，一只看字面，一只去看见文字背后的意蕴"。评价之后，再演出再评，在多回合的演评中，不断深入咀嚼文字中丰厚的意蕴，品味故事的核心要义，陶情益智。

三、演后访一访

寓言善用隐喻，用比喻性的故事来寄予意味深长的道理，发人深省。学习寓言故事，就是要将其中的道理读明白，读到心里去，把它作为自己学习生活的一面镜子，用以自警自省。读故事、演故事、评故事的过程就是在悟道理，但只有跳出书本，让道理链接孩子的学习与生活，方能知行合一，学以致用。《陶罐与铁罐》表演结束后，可以链接学生的学习与生活，让学生换位成陶罐、铁罐或记者，在变换角色的访谈中，换位思考；可以换位成陶罐接受采访，采访的话题为："陶罐，铁罐曾经那么欺辱你，何必还挂念他呢？"也可以换位成铁罐的后代接受采访，采访的话题为："对于陶罐和你的前辈铁罐，你有什么话要说吗？"还可以以学生的身份接受采访："历史上和生活中有文中陶罐和铁罐这样的人吗？他们的工作生活状况怎样？故事对你有什么启发？"在访一访、评一评中明理导行。

"演一演"是我们小学语文课堂教学中常用的教学方式，可长演亦可短演；可演一整篇课文，乃至一整本书；也可演一个场景、一个片段，甚至一个词语。如何演出情、演出味、演出效，要因生、因需灵活运用。

"读"占鳌头的艺术

    曹文轩老师说："好的朗读是直抵人心的，它的力量远远超乎文字本身。"于永正老师在《对儿童的语文的几点思考》中大声呼吁："要让孩子朗读！读出声音来，这不但容易记住，而且能锻炼语言表达能力，培养语感。"他还说："读书，每个学生必须做到正确、流利，这是'保底工程'，达不到这个要求，绝不放过。"特级教师余映潮老师认为："读出课文的味道是教师的第一基本功。"由此可见，阅读教学要让学生在课文的味道品咂中感受语言文字的形式美和内涵美。品味课文味道的诸多方法之中，朗读是重要大法，也是根本之法。只有"读"占鳌头，阅读教学才能做到"扎实"；只有指导好了"读"，阅读教学才能更有意义。那么，如何指导学生朗读呢？

一、依规指导，事半功倍

    这里的"规"是指规律。"人法地，地法天，天法道，道法自然。"任何事物的发展都有其内在的不可逆转的规律，只有依照且遵循，方能事半功倍，否则，高耗低效，甚至徒劳无功。

    （一）依据《课标》要求指导朗读

    关于朗读，《课标》对三个学段都有规定和要求。第一学段："学习用普通话正确、流利、有感情地朗读课文。"第二学段："用普通话正确、流利、有感情地朗读课文。"第三学段："能用普通话正确、流利、有感情地朗读课文。"《课标》对三个学段的朗读教学目标是渐次提升的：第一学段，侧重能正确、流利朗读，学习有感情地朗读，在老师指导下习得一些有感情朗读的方法；第二学段，在正确、流利的基础上，要能尝试自主运用方法、根据语感进行有感情的朗读；第三学段，应全面具备正确、流利、有感情的朗读能力。老师要准确把握标准，教学做到既不缺位，也不越位。

（二）以生为本，根据学生个性差异与成长规律来指导朗读

学生之间是有个体差异的，朗读态度、习惯、水平存在差异，教师只有正视差异，因材施教，才能使全体学生在各自的起点上得到有效发展，尤其是对暂时落后的学生要有"等等……再等等……"的耐心，不急、不躁，更不讽刺打击。我们常常听见有的老师会因为反复教过多遍后学生仍然不会而抱怨责怪。我们应该冷静思考："教过了"等于"教会了"吗？"教过了还不会"的背后，不单是学生的问题，也存在老师的问题。我们老师有责任和义务，在出现了问题后，去解决问题，去促进学生成长，这才是教学的本质意义和核心价值。公开课上，不少老师为了课堂、课程的顺利圆满，会有意无意在自己心中设置一道屏障，把学困生屏蔽掉，生怕他们在课堂上暴露问题，这种思想和做法是极要不得的。课文《真理诞生于一百个问号之后》传送给了我们一个极好的"思想真经"：只要见微知著，善于发现问题，锲而不舍地在一个个问题的引领下去实践探究，就有可能发现真理。因此，我们语文教师在教学实践中应该不包裹问题，给学生暴露问题的机会，从而探究问题的形成原因以及寻求问题的解决策略。由于不同层次的学生会暴露不同性质的朗读问题，我们要格外珍视每一种出现的问题，视之为生成朗读教学智慧的宝贵资源，不能避而远之，教师的朗读教学智慧就会在师生共同解决一个个暴露的朗读问题中形成。

学生在朗读时会呈现很大差异，老师一定要因材施教。有的学生读五六年级了，当众读书还结结巴巴，明显缺乏自信，老师便要观察、了解其存在的问题，对症下药解决问题，并多给实践机会，为其树立朗读信心；有的学生语感较差，理解感悟要慢几拍，老师就要耐心地期待；有的学生读书只看文字，不关注标点，老师则要把他们的思维引向标点；有的学生不喜欢用被教授的方式学习朗读，则可以让其换位成"老师"的角色教同学朗读……

（三）根据朗读自身的规律指导朗读

朗读是行为，是技巧，更是人情感的表达、心理的映射。如果朗读不是发乎于心，纯粹当作技巧性行为，就不可能拨动他人心弦。作者麦家在《朗读者》节目中朗读了他写给儿子的一封信，虽然朗读的技巧并不精妙，但是，他的朗读声中流淌出对儿子满满的爱与不舍，感动了在场的所有听众。真情才能动人啊！

新课标对学生朗读提出了三个要求：正确、流利、有感情。汉字是音、形、义的结合体，学生只有知其音，才能晓字义；只有晓字义，才能品析字句与理清文章思路。叶圣陶先生曾说："作者思有路，遵路识斯真。"作者借助文字、句式和语段编码，形成语言流程，表达思想观点、传达情感、传递信息的过程就是写作的过程。我们就是要带着学生循着作者的写作思路去理解作者的真切认识、真情实感、真正意图。"文以载道""形式服务于内容"，每篇文章所载之"道"不同，语言组织的形式各异。如果学生出现读错字、错段句、跳读、漏读等朗读不流利的现象，就说明学生的阅读思维不流畅，对语言流程的把握不准确；对所运用的表达方式、表现手法的分析与蕴含其中的情感、思想、态度理解有偏离。因此，学生读不流利，就不能"遵路"，也不可能"识斯真"，更不可能实现与作者的情感共鸣，当然也就没有发乎于心的"有感情"的朗读了。如果把朗读比作一座塔，"正确"是塔基，"流利"是塔身，"有感情"是塔的尖顶。我们的朗读指导一定要遵循朗读自身的规律行事，从读准每一个字的音，理解每一个字的意思这样的基础开始，经由"正确""流利"，达到"有感情"这个塔尖。

《课标》强调"识字教学是义务教育阶段的重要教学内容"。但往往到了高年段，字词教学走过场，课文还没读正确读流利，就急匆匆地让学生去分析朗读课文，效果可想而知了。这点我们要向于永正老师学习。于老师无论教哪一个学段的哪一篇课文，都会咬住"正确、流利"的朗读目标不放松，严格训练、严格要求，有的是耐心，也不吝啬鼓励。

二、突出重点，一课一得

朗读指导要突出重点。这里的重点，包括形式和内容两方面。重点如何确定？根据课文的主要教学目标，根据课文的主要学习内容，根据课文的体裁、结构特点、语言特色、主要角色，根据学情来确定重点。

《巨人的花园》是统编教材四年级下册第八单元的一篇课文，所在单元的人文主题是"奇妙的童话"，语文要素是"感受童话的奇妙，体会人物真善美的形象"。运用对比的方法来推展故事情节、揭示道理，是这个童话故事的显著特点。

我们可以根据文体特征和课文的结构特点确定朗读的重点——巨人和花园的前后变化。让学生在正确、流利朗读的基础上，将自己换位成文中的孩子，去想象入境、切己体察，"声气传情"——以顺畅的气息"气满声高"地表达花园的生机盎然与孩子的幸福愉悦、兴奋激动；用"气提声抖"（气息不顺且强弱不均）读出巨人花园的衰景和孩子的难过、恐惧，从而引导学生在对比朗读中明白"心美好了世界便会美好"的道理。《鸟的天堂》是统编教材五年级上册第七单元的一篇精读课文。所在单元人文主题是"四时景物皆成趣"，指向阅读的语文要素是"初步体会景物的静态美和动态美"。文中，静态的繁茂榕树与动态的灵动鸟儿相映成趣、交相辉映。根据课文的特点，结合单元语文要素以及后面的练习"课文分别描写了傍晚和早上两次看到'鸟的天堂'时的情景，说说他们有哪些不同的特点，用不同的语气和节奏读读相关的段落"，这篇课文朗读的重点应该是：能用不同的语气和节奏读出作者两次经过"鸟的天堂"时的不同感受。"用不同的语气和节奏进行朗读"是《课标》对第三学段提出的要求，是在五年级上册要学习的新方法，因此首先要让学生理解"语气"和"节奏"这两个不同的概念，知道语速的快慢、语音的起伏、语气的强弱就形成了节奏。语气是情、气、声的结合体，有什么样的情感就有怎样的气息，有怎样的气息就有怎样的声音状态。也就是说，语气根据内容而定，是为表达情感，传递信息服务的。因此，先要让学生边读边想象，用举象造境法，还文字以画面和场景，将眼中的文字读成心中的景，与作者感同身受，感受到傍晚榕树的静态之美和动态之美，然后让学生在反复比较的朗读中学会运用相对舒缓的语气和节奏读好榕树的静态，用起伏变化的语气、快慢交错的节奏读好鸟的动态。

　　《两茎灯草》是统编教材五年级下册"习作单元"第五单元《人物描写一组》中的一篇课文。课文抓住典型物件——两茎燃着的灯草，展开描写。单元语文要素是"学习描写人物的基本方法，初步运用描写人物的基本方法，具体地表现一个人的特点"。《两茎灯草》节选自讽刺小说《儒林外史》。讽刺是一种文学手法，常采用夸张或反讽等方式，有时也会用并列、对比、类推等等手法。这篇文章在细节描写上运用了夸张、对比的讽刺手法。因此，课文朗读的指导重点应该是严监生动作、神态的描写。要引导学生在对比中朗读，在朗读中对比，读出严监生伸出的两个指头和由此引发的他的亲人们的三次猜测中的夸张与讽刺意味，凸显人物形象，明白"小细节，大作用"，并能迁移运用到自己的习作中。朗读重点的确定，旨在突出教学重点，实现一课一得。

三、创新方法

有一次，一阅书院的岳乃红老师到于都给孩子们上课，带领学生伴着嘻哈音乐朗读，学生兴趣盎然，对课文理解和记忆的效果比平时好多了。当时，我就在想，我们的朗读指导是否可以多一点情趣，别老是端着呢？于是我做了一些尝试。

（一）情境中朗读，学习在换位思考中读出真情

"趣为先导"，在情境中读能激发学生的朗读兴趣，使学生能够自觉主动地理解感悟文本，从而读出文本蕴含的情感。我们可用角色表演、朗读比赛、给动画配音、评价朗读音频的方式创设情境；可以信息技术为支撑，打破时间和空间的局限，家校联动，借助班级微信群，建构网络化朗读实践的音频资源库，通过学生、家长、老师互动共进的音频分享与交流，促进学生朗读能力的提升；可以定期或不定期开展主题性朗读展示或比赛活动。虽然创设情境的方式很多，但是要根据需要灵活运用。结合低年级学生年龄特点，低年级的朗读指导更需要老师花心思创设妙趣横生、趣意盎然的朗读情境。第一学段的统编教材中有不少童话和寓言故事，实践证明，用课本剧表演的方式来还原课文情境的指导朗读，成效喜人。比如统编教材二年级上册的《坐井观天》《寒号鸟》，可以让学生带上头饰，在角色自居中，以演促读，以读促演。

（二）比较朗读，明白同一内容可以产生不同的朗读效果

朗读的重音、语气、语调、节奏处理不同，表达的效果也就不同。同一内容可以用不同的朗读技巧去处理，让学生去感受不同的朗读效果，让学生习得根据表达效果的需要灵活处理朗读技巧的方法。比如，教师指导学生朗读好《黄鹤楼送孟浩然之广陵》中的"孤帆远影碧空尽"，要先让学生理解整首诗的意思，

了解这首诗写的是李白在黄鹤楼与友人依依惜别的情景。在把准感情基调前提下，进行比较朗读。先把"孤帆""远影"读重音，而且稍微读慢点，语音拖长一点，"碧空"读短促点；然后反之，"孤帆""远影"读短促，读轻点，"碧空"读重，语音拖长。学生会惊讶地发现：用不同的朗读方式，会读出诗人丰富不一的情感。

（三）问答式朗读，学习把握朗读的重音

这种方法更适合低年级学生的朗读指导。统编教材一年级上册的《比尾巴》就可以依据课文内容用这种方式，师生或生生进行互问互答。问：谁的尾巴长？答：猴子的尾巴长。重音落在"猴子"上。变一变，问：猴子的尾巴怎么样？答：猴子的尾巴长。重音落在"长"。让学生明白：朗读的重音应落在回答问题的词语上。然后出示下面一段话让学生根据问题确定朗读的重音，进行朗读：

有一条小小的渔船，忙碌在宽阔的江面上，渔民时而撒网，时而收网。细看网中，大大小小的鱼儿活蹦乱跳。再看水中倒映着渔民乐得像盛开的花朵一样的笑脸。

问题一：什么事物怎么样地在江面上？大大小小的鱼儿在网中怎样？水中倒映着什么？（重音：小小的渔船、忙碌、活蹦乱跳、像盛开的花朵一样的笑脸。）

问题二：渔民在江面干什么？什么在网中活蹦乱跳？渔民的笑脸倒映在哪里？（重音：时而撒网，时而收网；水中。）让学生明白，语言文字有多义性和内涵丰富的特点，不一样的朗读传达的意思情感不一样，为了达到不一样的朗读效果，要用不一样的朗读方法。课文《圆明园》中有这么一段描写："圆明园中，有金碧辉煌的殿堂，也有玲珑剔透的亭台楼阁，有象征着热闹的'买卖街'，也有象征着田园风光的山乡村野……"可以指导学生用重音突出七个"有的"进行朗读，读出惊叹的语气，体现圆明园里的东西很多，令人赞叹。也可以指导学生用惊叹的语气，重音突出描写东西特点的词语，主要传达圆明园的东西都是令人称赞的"艺术品"。

（四）老师朗读不仅仅是示范，更在于对学生的唤醒和激励

"弟子不必不如师，师不必贤于弟子。""教育的艺术不在于传授的本领，而在于激励、唤醒和鼓舞。"老师的读往往被定性为"示范"。"示范"是榜样或典范，虽然老师的朗读示范作用不可抛弃，但并不意味着学生照着样学，"一千

个读者就只有一千个哈姆雷特",如果学生的个性朗读出不来,语义的丰富性和文字的蕴含就会弱化、单一。我们一定要在心中树立这样的意识:允许并鼓励学生探寻、展现多样的朗读个性和方式。在日常的阅读教学中我们要强化学生的朗读意识和行为,激发学生的朗读潜能。我们可以让学生在朗读前提提朗读建议;也可以根据朗读的需要,明知故问地向学生提出一些针对性的问题,让学生个体或学习小组解答,使建议能直接对接朗读的关键之处。统编教材一年级下册的《动物王国开大会》,通过一个童话故事让学生学习通知一件事情的能力,知道要把重要的信息说清楚。对接这个学习目标时,老师可以这样设置问题:老师现在来当一回小狗熊,接受老虎大王的命令,为大家播报一个会议通知,你们就来当一回森林王国里的百兽,你们要参加会议,我应该怎样播报通知,你们才知道参会信息?你们可能离我远,也可能离我近,给我提提建议,最好给我示范示范,然后我来播报。

总之,老师朗读指导的艺术基于老师对朗读的认知、语感和水平。老师只有不断学习,培养良好的语感,不断在实践练习中提升朗读水平,朗读指导才能炉火纯青,达到艺术化的水平。

文体有别 教法各异

　　《文心雕龙·定势》言："夫情致异区，文变殊术，莫不因情立体，即体成势。"不同的情意确立不同的文体；不同的文体，气势各异。只有把握好文体特征实施教学，学生的语文学习才能"遵路识斯真"，才能"披文入理见真章，沿波讨源解迷津"。

　　教学服务于学生的终身发展，小学阶段的学习是为学生后续学习和发展奠基的。因此，小学阶段语文教学增强文体意识，利于有针对性地挖掘不同文体课文各不相同的教学价值，进而指导教法的选择，优化语文读写训练，保持语文的可持续发展力。从这个角度来讲，阅读和作文的教学也应有清晰的文体意识。何为文体？《辞海》解释为"文章的体裁"，是文章和文学作品样式的统称。统编教材选文的样式丰富多彩，低年段以童话、诗歌、故事、寓言为主；高年段文章体裁风格更多样化，增设了文言文、议论文、说明文和科普文……《课标》的总目标里提到"要学习初步鉴赏文学作品"。"阶段目标"中对各学段都有相关的要求："阅读浅近的童话、寓言、故事"（第一学段）；"阅读叙事性的作品"（第二学段）；"阅读说明性文章，能抓住要点，了解文章的基本说明方法""能写简单的纪实作文和想象文""能写读书笔记和常见应用文"（第三学段）。在"教材编写建议"里，提出"题材、体裁、风格要丰富多样"。可见，文体意识必须在各年段的教学中得到高度重视。小学阶段不要进行文体概念的教学，不等于完全摒弃文体知识方面的学习，相反强调小学文体知识重在感知涵养。

　　作为一名语文老师，必须明确"文体有别，教法各异"，不同文体的课文，要有不同的教学思路，这样教学才不容易跑偏。

一、把握文体特点为教学蓄势铺垫

　　教学中，教师具有清晰的文体意识，能够精确把握不同文体的特征，解读不同文体的各自魅力，从而避免学生因不了解文体，片面认为只有故事性强的文本才好看、才有意义的狭隘认识。小说、散文、诗歌、戏剧、童话、寓言……都有自己的特征，老师事先了解掌握，这样才能有侧重地引导学生在阅读实践中学习一篇、感知一类文体，内化习得的文体知识。

统编教材六年级上册第四单元是"小说单元"，指向阅读的单元语文要素是"读小说，关注情节和环境，感受人物形象"。这个单元语文要素对接小说的三要素——人物、情节和环境。小说对人物的刻画是丰富而细致的：能够多角度、全方位丰满人物形象，凭借各种艺术手段对人物进行细节刻画、对比衬托、铺垫设伏、事例展示等等。小说的情节跌宕起伏，往往线索众多，错综复杂，给人扑朔迷离的感觉。小说环境渲染也是浓墨重彩的，特定时代背景、特殊社会风尚以及自然景致层层铺陈，步步烘托。小说人物、环境、情节三要素是相互依存的，它通过营造典型环境、虚构情节、刻画人物来反映社会现实。老师解读课文时，依照小说的文体特点研读，对后续教学的方向、内容的选择有重要的启示作用。统编教材里编排了多个童话单元、寓言单元，还安排了神话故事单元、民间故事单元。这些单元要基于对应的文体特点展开教学。故教学前应从文体的角度细研课文是如何具体体现文体特点的。我在教学《牛郎织女》之前，先了解民间故事的特点，为了更充分了解、更准确把握，先收集、阅读不少来自不同地域的民间故事，对民间故事的特点进行归纳：民间故事是中华优秀传统文化的一个分支，形成并流传于民间，语言通俗易懂、形象生动感人、情节曲折离奇，不少故事还充满超自然的奇幻色彩，可听性强，是一种传播性很强的大众文化；民间故事传达的是一个民族或一个区域人们共同的志趣、愿望和追求，百姓用自己塑造的人物形象，用自己的讲述方式，诠释真善美，追求真善美，传递世间暖情，散发人性光辉；每一个民间故事都是一扇认知的窗，都是一个能量盒，从不同角度借助历史，借助民族的信仰、审美观念、伦理道德、生活方式，传递面对万千气象、宇宙万物，处变不惊、内心蓬勃、坚忍不拔、向美向远而行的能量，传授审辨、言说、艺术创造的智慧。在此基础上，我紧扣民间故事的文体特点去解读文本《牛郎织女》，反复咀嚼文本，看它是如何体现民间故事文体类别特征的，又是如何在文体类别之下，凸显自己的魅力和价值的。

二、要依据文体特点，确定"一课一得"得之所在

教学"一课一得"，真正用好教材这个例子，使学生能够在举一反三的迁移运用中，真正得益于课内，得法于课外。统编教材双线组元，紧扣单元语文要素编排教材。而普通单元中课文和单元语文要素是相应和的。比如，六年级上册的小说单元，指向阅读的语文要素是"读小说，关注情节、环境，感受人物形象"，单元里的课文全是短篇小说，小说注重的就是情节、环境和人物。三年级有一个"寓言故事"单元，单元指向阅读的语文要素是"读寓言，明白其中的道理"，单元里的课文都是寓言，寓言的文体特点就是借助短小故事，透过现象思考，提炼出具有哲理性的道理，进而反思现实生活。

可见，"一课一得"得什么，可以根据单元语文要素和课文特点，尤其是课文的文体特点来确定。比如《陶罐和铁罐》的教学，根据单元语文要素"读寓言，明白其中的道理"以及《陶罐和铁罐》这个故事自身有哲理性的文体特点，确定教学的主要目标是"理解故事内容，明白'尺有所短，寸有所长'的道理"。再如，五年级上册的民间故事单元，根据单元语文要素"了解课文内容，创造性地复述故事"，结合民间故事故事性强，易于口头表达，传递正能量，表达美好祈愿的文体特点，本单元课文学习的重点可以定为"掌握创造性复述故事的方法，用创造性复述的方式传承民间故事这种优秀的中华传统文化"……

三、根据文体特点采用适宜的教学方法

"教无定法，贵在得法。""学也无定法，也是贵在得法。"每一种文体的结构形式不同、表达技巧不同，阅读它们的策略有所不同，教学方法自然也不相同。比如，现代诗重"意象"，而且"意象的意蕴非常丰富"，教学现代诗，要引领学生抓住关键意象品读细悟，由表及里、多角度地展开想象，从而走进诗的意境深处；寓言故事重在一个"理"字，教学中，先让学生梳理事情的起因、

经过、结果，再就故事的因果质疑、推断、深思，悟得道理，然后通过生活实际验证道理的普遍适应性；民间故事，有很多是情节反复地推进故事，桥段相似，结局的安排也相似，教学民间故事，可以引导学生习得求同存异的学习方法——在民间故事的群文学习中，发现民间故事的共同特点，也可以引导学生习得在民间故事和其他类型故事的比较思辨中发现学习不同文体各不相同的学习方法……再者，因为民间故事是大众性文化，多形式演绎，比如，电影、电视、曲艺……这些也可以作为教学资源进行开发利用。

四、根据文体特点实施读写结合

叶圣陶先生说："写作基于阅读。"我们根据文体确定了学生在阅读中的"一课一得"得之所在，就要顺势而为，进行有针对性的习作训练，让具有文体元素的阅读输入与沾染文体分子的习作输出有机融合。如《在牛肚子里旅行》是统编教材三年级上册的一篇精读课文，是有趣的科普童话，牛的反刍现象、朋友之间的深厚情谊在想象中表现得淋漓尽致。课文所在单元的语文要素是"感受童话丰富的想象"（指向阅读），"试着自己编童话，写童话"（指向表达），我们可以在阅读教学中，让学生感知科普童话特点，将科普知识渗透在童话故事之中。然后读写迁移，有意识地渗透一个科普知识在自己想编写的童话故事中。根据课文的文体特点进行读写结合，可以像写一整篇，也可以写一个片段。比如反复结构的童话或民间故事，可以拉展想象仿写、续写一个情节；说明文，可以仿照所学说明文的说明方法，用一个片段说明一样事物……

中华文化五千年，形成了多样式的文学体裁。遵循文体特征进行教学，把诗歌教成诗歌，把小说教成小说，把童话教成童话，把散文教成散文……注意课文形式和内涵的有机融合，使语文教学在文体的各自阵地上，显得更为清晰，更为纯粹。

长文短教："短"得精当，"短"出高效

　　小学语文统编教材和以往教材比，增设了不少长文章。长文章内容多，信息量大，相对短文的学习，难度会大些，但更利于培养学生更高品质的学习力。"长文短教"是实施长文教学的有效做法。2019 年秋季，小学语文全面铺开统编教材的使用，可以说，现在统编教材的使用还处于破冰期。统编教材实施背景下，如何优化我们的语文教学？这是一个值得商榷的、非常有意义的问题。现在，我结合自己的教学实践、教学观察来谈谈统编教材背景下可以如何实施长文短教，如何使长文短教"短"得精当，"短"出高效，充分彰显长文教学的核心价值。

一、整体把握 铺垫蓄势

　　当下语文教学支离破碎的现象并不鲜见。支离破碎的教学严重割裂了学生的认知，阻碍了学生学业的成长，是教学高耗低效的一个非常重要的原因。余映潮老师在《阅读教学智慧》一文中指出："阅读教学，首先应是学生的生态阅读，从生态的视角切入阅读。生态阅读是全息性的，是灵动变化和发展的，是综合的、立体的文化建构。"从整体到部分是一种认知规律，阅读从整体入手是语文学习的规律。"人法地，地法天，天法道，道法自然。"万事有"道"，遵"道"行事方能成功，否则事倍功半，甚至徒劳无功。所有文章的教学都要从整体出发，要避免"只见树木，不见森林"。长文教学应从学生的生态阅读入手，先让学生整体感知课文内容以及与课文教学相关的资料信息。

　　如何整体感知课文？首先要潜心阅读、静心思考。"章有章法，句有句法，字有字法"，写文章必定是"规矩在手，法度因心"。要让学生在潜心会文、静思涵泳中去通览全文内容，感悟作者成文的"规矩"与"法度"。每篇文章一定有总领全文的主题思想和贯穿全文的文章风格，也要让学生先去了解把握。整体感知是宏观的、刚性的，是全息化、立体性的，主要是确保后续教学"顺理成章""水

到渠成"。学生整体感知课文所得，大部分只要积蓄在心就行，但对课文内容的把握，必须作为重点进行检测、反馈。阅读教学的首要任务是"学生对文本意义的追寻与建构"，只有知道课文的内容，文本意义的追寻和建构才有依托，才有正确开启的方式，否则，便是"无源之水，无本之木""皮之不存，毛将焉附"。

任何一个环节的教学都要尽量使学生习得学习的方法，形成学习的能力。在梳理课文主要内容的时候，要让学生习得多元的归纳文章主要内容的方法。如统编教材五年级上册第二单元的《将相和》，由"完璧归赵""渑池之会""负荆请罪"三个故事组成。可以让学生以这一篇为例，习得这一类课文归纳文章主要内容的方法——故事串联法。统编教材六年级上册第三单元的《宇宙生命之谜》，为了让学生学习"有目的地阅读"，编者针对课文内容在题目下面设置了这样的阅读提示——"多年来，人们一直在探索宇宙生命问题。我们常常有这样的疑问：宇宙之中，除了地球外，其他星球上是否也有生命存在？为了解决这个疑惑，有位同学找到了这篇文章。"在阅读策略单元以及各单元略读课文的课题下面都有这样的指向课文主要内容的学习提示，我们就可以指导学生习得概括文章主要内容的又一种方法——借助阅读提示概括。统编教材有不少像六年级上册第二单元《开国大典》这样的叙事性文章，"时间""地点""人物"，事件的"起因""经过""结果"是它们的要素，叙事性文章可以指导学生习得概括课文内容的另一方法——要素归纳法……

二、"部分"取用 精取"一瓢"

文章越长，承载的信息越多。其中有审美情趣、思想情感、语言表达的示范意义，有文化、历史、社会的信息，这些都是学生成长的养料，但教学的时间有限，只能取用更契合文本核心价值和学生学习实际需求的重点内容进行教学。余映潮老师特别强调："要解读好文本的核心价值，打造高效课堂，用智慧开启心灵，用亮点点亮课堂。""删繁就简"突出重点，紧扣亮点，教学才能"一课一得"。那么，学生整体感知课文内容之后，如何突出重点，实施"弱水三千取其一瓢饮"的有效教学呢？

（一）根据课文本身的特点来确定

可以从贯穿全文的表达方式上来定。比如《开国大典》注重的是场面描写，教学的重点就可以定为"以课文为例学习场面描写"。也可以从文体特征这个角度定，比如《巨人的花园》，这是一篇童话，通过前后对比揭示世界因内心的改变而改变，因内心的美好而美好，教学的重点就可以定为"根据童话的特点，边读边展开想象，入情入境感受人物和景物的变化，感受童话想象之神奇的同时，启智怡情，涵养品格"。还可以从课文的语言风格这个角度来确定。比如，丰子恺的《白鹅》，语言秉承了他的漫画特点——幽默风趣，教学的重点就可以定为"从姿态、步态、叫声、吃相中去感受鹅的高傲，同时，感受语言的幽默风趣"……

（二）根据单元语文要素来确定

比如，统编教材五年级上册第七单元指向阅读的语文要素是"初步体会课文中的静态描写和动态描写"，单元中《鸟的天堂》的教学重点就应定为"体会'鸟的天堂'的静态美和动态美"。统编教材五年级上册第三单元，指向阅读的语文要素是"了解课文内容，创造性地复述故事"，单元中的《猎人海力布》的教学重点就可以定为"创造性地复述《猎人海力布》这个故事"。统编教材六年级上册第八单元指向阅读的语文要素是"借助相关资料，理解课文主要内容"，单元中的《我的伯父鲁迅先生》教学重点就是"抓住关键事件，联系当时的背景资料去了解鲁迅先生是个怎样的人，并受到熏陶感染"……

可能有的老师心里会犯嘀咕，又是根据课文自身特点，又是根据单元阅读语文要素，那是不是会有矛盾冲突呢？不会的，我们细读教材就能发现，编者确定单元语文要素是关注了课文特点的。比如前面说的《鸟的天堂》主要就是通过静态和动态的描写体现大榕树的美丽与生机的，单元语文要素"初步体会课文中的静态描写和动态描写"的训练，正好利于学生学习这篇课文。再如，《猎人海力布》是民间故事，民间故事没有固定的作者，老百姓口耳相传，有较大的创编空间，民间故事的单元语文要素是"了解课文内容，创造性地复述故事"，正好对应了民间故事的特点。

三、策略运用　提高时效

蒋军晶老师通过大量的阅读实践，证实"卓越阅读者＝阅读量＋阅读策略的熟练运用"。阅读策略，是提高阅读效率必不可少的"重器"。

语文课堂串讲串问、高耗低效的现象屡见不鲜。这种现象成为顽疾的原因固然是多方面的，其中之一是老师让学生习得阅读策略、掌握语文学习规律的意识不强、行为不足。如果能聚焦教学的重点与亮点，依据教学目标，有目的地进行阅读，就能确保教学重点突出、主次分明，快速提取信息，使教学环节无旁枝斜蔓。

举个例子来说吧，统编教材五年级下册第二单元是中国古典名著节选篇目单元，依次编排了精读课文《景阳冈》《草船借箭》，略读课文《猴王出世》《红楼春趣》。这个单元指向阅读的语文要素是"初步掌握学习古典名著的方法"。中国四大古典名著都是章回体小说，这四部小说的每一章回的回目都很有指向性，指向章回中的主要人物或主要事件。既然这是这几部章回小说的共性所在，是否可以据此依托单元教学，让学生掌握阅读章回体名著的有规律、可迁移运用的方法？在《草船借箭》的教学中我做了有效尝试。这篇课文节选自《三国演义》第四十六回，回目是《用奇谋孔明借箭　献密计黄盖受刑》，我先把其中的"奇"字隐去，让学生通读全文，根据文章的信息去填一个自己觉得合适的字，生生、师生充分交流后，我把"奇"字补回回目中，然后围绕"奇"，用提纲挈领的问题"谁觉得孔明奇？他们觉得孔明奇在何处？你是否觉得孔明奇，你又觉得他奇在何处？"驱动学生的阅读。在任务驱动下，学生从周瑜、鲁肃、自己等多主体视角，沉浸于文字中去探寻孔明的奇之所在，然后分小组完成相关的学习任务单（信息梳理的表格）。完成上面的任务后，跳出文本感悟作者写作的匠心所在：用衬托的写法，用鼎鼎有名的周瑜、鲁肃衬托孔明的智慧超凡。这种学习，充分体现了学生学习的主体性，让学生在感受名著魅力、品悟人物形象的同时，习得了"从回目入手，抓住题眼展开阅读，归纳梳理阅读所得，感受人物形象、体会文本表达之秘要"这种学习方法来学习节选自章回小说的课文。

教学有法，教无定法，贵在得法。立足学生的发展，关注文章特点，注意教材编排特点，运用教学智慧创造性实施教学，长课文的教学便能成为杏坛一道独具魅力的风景。

"演"要得当

著名表演艺术家于是之老师说:"儿童人人都是表演天才。"语言学习通过角色扮演、声、台、形、小品练习等的综合训练, 能充分调动学生学习表演的积极性,表演的欲望能转化成学习的内驱力。因此,表演这种教学形式,受到老师的青睐。教学贵在得法,任何一种教学方法都要使用得当,才能彰显其价值。

有一次,我到一所乡镇学校去听课,执教的是一位张老师,非常年轻。教学内容是《童年的水墨画》。《童年的水墨画》是统编教材三年级下册第六单元的一首儿童诗,这首诗顺次描绘了"溪边垂钓""江上戏水""林中采蘑菇"三个童年生活的场景,每一个场景自成一诗。语言清丽活泼,儿童的率真浪漫和快乐无垠,在形象、直观、有声有色、动静结合、充满活力的画面中得到淋漓尽致的表现,儿童的快乐形象呼之欲出⋯⋯在教学"溪边垂钓"时,张老师从抽屉拿出一套儿童钓鱼玩具,让学生演一演,体验钓鱼的快乐。"钓鱼"足足用了8分钟,学生们围观嬉笑,好不热闹。课堂活跃了,执教老师看在眼里,喜在心里。

课后交流中,我首先表扬了张老师饱满的教学热情和端正的教学态度,但我也很真诚地提出了自己的看法和想法。教育思想允许争鸣,也鼓励教育教学行为的创新,尤其是"千人千面"的语文,但万变不离其宗,无论如何不要丢失了语文教学的本色。"语文"姓"语"为"文",任何教学媒体和教学手段的介入,都不能悖逆了语文教学的本真。

我们先来看看这一诗节:

溪 边

垂柳把溪水当作梳妆的镜子,

山溪像绿玉带一样平静。

人影给溪水染绿了,

钓竿上立着一只红蜻蜓。

忽然扑腾一声人影碎了,

草地上蹦跳这鱼儿和笑声。

　　这首诗意境优美，以画入诗、以画传情。这是多彩的画面：绿的溪水、红的蜻蜓，一"绿"一"红"交相辉映，情趣盎然。这是动静结合的画面：山溪像绿玉带一样，环着山，绕着村舍，安然恬适地静躺于大地母亲的怀中，蜻蜓静立；一声"扑腾"打破了水面的平静，水花四溅、水波漾漾，化静为动；鱼儿的出水打破了溪边草地的安静，划破天空，孩子们欢呼雀跃、手舞足蹈，使画面不但动起来了，而且欢腾热闹起来了。这是一幅"天人合一，生机盎然"的画面：春天是万物复苏的季节，是放牧心灵的季节，垂柳与山溪的绿是春的生机，和孩子的勃然生机融为一体。这多元的画面，只有依托文字，依托修辞手法、表达方式，联系生活去感受、理解、想象，才能品其味、悟其神。"缀文者情动而辞发，观文者披文以入情"（刘勰《文心雕龙·知音》），这首诗字字珠玑、句句隽永，应引领学生如叶圣陶先生所言"字字未宜忽，语语悟其神"去揣摩品味。

　　课题《童年的水墨画》，重在表现快乐的童年生活。《溪边》教学的重难点应是最后两句："忽然扑腾一声人影碎了，草地上蹦跳着鱼儿和笑声。"鱼儿蹦跳可以理解，笑声何以蹦跳？这里作者运用了通感的修辞手法，将听觉中的"笑声"转换成了视觉效果，化无形为有形。好一个"蹦跳"！多么富有张力的词语呀！它让孩子的笑声，清晰而富有弹性地变换着，引发读者无限遐思……快乐就在其中彰显。教师要引导学生想象笑声蹦跳的原因，想象孩子钓鱼时欢笑的场面。通过想象让学生们明白：这笑的声浪高低起伏，或许是因为一个孩子或一群孩子簇拥在一起钓鱼，间隔或长或短的时间，钓起或大或小的鱼，钓起了鱼儿，孩子们自然高兴得情不自禁地笑，因此笑声间歇性地起起落落；或者是鱼儿钓上来了，但脱了钩，在草地上蹦跳，孩子们在草地上蹦蹦跳跳地追逐着鱼儿，人的蹦跳导致笑声的起起落落；或者是溪边钓鱼的孩子这一个、那一个，这一群、那一群，这边有鱼儿钓起，笑声便起，这边笑声刚停，那边的笑声又随鱼儿的钓起而起……这蹦跳的笑声是怎样的况味，怎样的快乐？身临其境方有感，耳闻目睹才知味，一定要引导学生想象入境体验，才能深切感受。用儿童钓鱼玩具演一演，要演出诗中孩子的垂钓之乐是不可能的，因为它远离了真实情境，而且诗中给予的想象中的快乐是多元的、立体的、丰富的。诗歌讲究"虚实相生"，前面的景物描写属于"实写"，对孩子垂钓快乐的描写应属"虚写"。虚写之状不适合课堂表演，更适合基于文字的想象。

我还跟张老师谈了下面的看法，教学要"低成本，高产出"，更不要做"赔本的买卖"。教学智慧和教学精力可以尽量投入，资金的投入要投得其所，因为我们的课堂天天在，教学天天有。

还有一次，一个老师在引导学生理解"休克"一词时，叫学生表演，被叫表演的学生，一个个茫然不知所措，老师心里不悦，面露愠色。"休克"是一种生命的体征，学生大部分没有经历过，即便经历过，也因当时处于昏迷状态，失去知觉，不知如何表演。

语文课上任何形式的表演都要有利于语言文字的涵咏，有利于披文入情的体验，有利于激情飞扬的表达。对表演的时机、表演的内容、表演的方式、表演的可行性，老师要在学生表演之前做理性思考，合理预测。得当的表演，才能促进学生用心灵去感受文本，与自我、作者、书中人物进行有效对话，才是有意义的语文实践活动，才能提升学习效率。

在真实的语言运用情境中学习言语建构

　　核心素养是当今教育关注的热门话题。教育部坚持正确的改革方向和先进的教育理念，在《普通高中语文课程标准（2017 年版）》中凝练学科本质，确定了语文学科的核心素养——"语言建构与运用""思维发展和提升""审美鉴赏与创造""文化传承与理解"。义务教育阶段和高中的语文课程标准都强调"语文课程是学习祖国语言文字运用的综合性、实践性很强的课程 。工具性和人文性统一是语文课程的基本特点"，由此可以推断"语言的建构与运用"是语文学科核心素养中的核心，是其他几个核心素养达成的依托。"皮之不存，毛将焉附？"不夯实"语言的建构与运用"，其他几个核心素养不可能培养好。语文学科课程标准还强调"语文课程应该引导学生在真实的语言运用情境中，通过自主的语言实践活动，积累言语经验，把握祖国语言文字的特点和运用规律 ，加深对祖国语言文字的理解和热爱，培养运用祖国语言文字的能力"。陈先云主任在教师培训上强调"要树立语用观，语文课程的学习主要是为了学会运用语言文字，要让学生亲历学习语言文字运用的实践过程，实现一课一得"。如何让学生在真实的语言运用情境中学习言语建构？亟待大家共同实践，共同探索。

一、以课文教学为语言运用情境，引导学生学习言语建构

　　课文中的句、段、篇都是语言情境。课文教学就是依托课文对学生进行听说读写能力的训练。我们可以以课文教学为语用情境，在听、说、读、写的训练中，引导学生学习作者的言语建构。

　　（一）听

　　听范读。"声入心通""声通义解"，范读，尤其是公认不错、使用率比较高的音频范读，是朗读艺术的结晶。朗读技巧处理到位，能以声传情，以情动人，准确演绎作者蕴藉在作品中的思想情感，能有效表达语言形式和内涵的有机

统一，让学生在抑扬顿挫、张弛有度中享受文字的魅力，领悟语言建构的技巧。

听讲解。不少课文都有关于其写作特点和语言特色的音频讲解，可以让学生静心听听。要注意的是，这样的音频讲解不应该在学生的阅读思维之前，而应在学生自主阅读之后出现，让学生结合自己的所悟所得进行对照、梳理，从而得到提升。

听讲述。好的讲述是一种表达的再创造，能让文章的重点和特点通过有声语言、势态语言得以凸显，利于学生捕捉到语言建构的关键信息。第一学段有很多故事性强的课文，这些课文的教学就可以让学生通过听讲述走进故事，感受故事的结构特点，知道"时间""地点""人物""事件（起因、经过、结果）"是故事的要素。

（二）读

课文教学即阅读教学。阅读教学要以读为本，"读"占鳌头，这是阅读教学取得高效的不二法则。统编教材以语文要素训练为主线进行编排，利于老师在语用关照下展开教学。语用教学，在很大程度上就是学生语言建构能力培养的过程。虽然当下的阅读教学语用意识、语言建构行为较以前更充分，但也存在这样那样的问题。语言建构训练应注意科学性，要注意语文本体的特点、文本特点、年段特点。一篇课文，语言建构训练部分可谓多如牛毛，而课时时间却极其有限，"弱水三千取其一瓢饮"，课堂就要精取"一瓢"，重锤猛击，一课一得。为了避免学生对文本的认知"只见树木，不见森林"，造成对文本语言构建的误解和曲解，一定要让学生先潜心会文，力求把课文理解通透，然后引导学生结合语境，在具体的语境中去读，在读中感知、领悟、品味，从课文中吸收语言建构的养分，并在自己的实践中加以运用，提升自己的语言建构能力。

需要提醒的是：不同的文体，不同的语言建构风格，读的方式应有区别。比如，古诗言简意丰，具有凝练、跳跃的特点，给读者以丰富的、无限的想象空间。古诗不仅语言美，而且音韵和谐、朗朗上口。这些共性特点，造就了"诗无达诂"，而且每首古诗还有个性特点，各美其美。古诗的语言建构艺术，是语言形式和语言内涵的相融与共，渗透在每一个字里面，融化在音节和韵律里，因此，大都要靠读去感悟，去习得。再如议论文，议论文是围绕观点，用具有说服力的事实或数据作为论据，论证观点具有普遍适应性和正确性。也就是说，议论文言简意赅，讲究的是论证的合理性，具有严密的逻辑性，适合静思默读。

"夫情致异区，文变殊术，莫不因情立体，即体成势也。"人的思想感情不同，写文章的方法也不同，总的规则是依照内容来选定体制，寻着体制来形成文势。文势不同，也就是语言的建构不同，韵味不同。怎么读是由文章的情味决定的，韵味不同，读法也应不同。同一篇文章不同的文段语言建构特色不同，要呈现不同的读法，效果才会更佳。

（三）写

可以听写语段。听写是我们教学的常规动作，通常是听写词语。词语的听写主要是夯实词语的积累。实践证明，语段的听写利于学生准确理解和感悟作者的语用特点。听写语段时，不要一个词一个词地把句子破着报。长句子，可以一个分句一个分句报，短句子就要整个句子报过去。低年级的根据学情的需要多重复报几遍，越往高年段走，报的遍数越少。一个语段写完以后与原文对照。如果出现错误，纠错，并分析造成错误的原因。找原因的过程，可能就是发现语言特色，提升语言建构能力的过程。

在教学《真理诞生于一百个问号之后》时，为了让学生加强对课文论点的认识和接纳，内化于心，外化于行，我报了这段话给学生听写："只要你见微知著，善于发问并不断探索，那么，当你解决了若干个问号之后，就有可能发现真理。"一个分句一个分句报过去，报了两遍，结果还有30%的学生出错。有的把"只要……就……"这对关联词答错了。我借助这个错误资源，引导学生梳理关联词的运用。有的把"就有可能"听成了"就能""就可以"。老师就可以相机抛出问题：为什么原文不是那么肯定地说，而是用不确定的"有可能"来说呢？在思辨中感受议论文语言客观、科学、严谨的特点。

统编教材五年级上册第18课《慈母情深》，有描写母亲的这么一个镜头："背直起来了，我的母亲，转过身来了，我的母亲，褐色的口罩上方，一对眼神疲惫的眼睛吃惊地望着我，我的母亲的眼睛……"学生默写时有的先写转身，后写直起身子；有的把"背直起来了"写成"直起背"，"转过身来了"写成了"转过身"；有的把"一对眼神疲惫的眼睛吃惊地望着我"简写成了"疲惫的眼神望着我"。我让学生将自己的默写和原文对比读，边读边想象画面，看看感觉有什么不一样。学生在读悟交流中明白：要根据事实有条理地表达，母亲弯腰坐在机器旁工作，环境恶劣，空间狭小，不直起腰来根本就无法转身；要遵从人们的习惯去表达，因此先写直腰，再写转身；要根据表达效果的需要，确定语言的节奏感，"直起背""转过身"和原文比较节奏快了些，更不能体现母亲直起背、转过身的艰难……

可以读写结合。叶圣陶先生说"语文教材无非是个例子，凭这个例子要使学生能够举一反三，练就阅读和作文的熟练技能"。我们要用好教材这个例子，让学生在读中习得语言建构的方法，然后迁移运用到自己的习作中，形成语言建构的能力，读写有机相融，使阅读教学在"语言建构"的导向下，更有味，更有为。

读写结合的方式有很多：用文中的词语写话；仿写课文中的精彩片段；依照课文的行文结构习作；补写课文的空白；续写……"仿、补、续、改、扩、套、引"等都是从阅读引入习作的可行操作方法，应立足课文、根据需要灵活运用。丁有宽老师针对小学阶段的"读写结合"，实施了八轮试验，盘点了十多个读写结合点，我们可以去学习领悟，相机借鉴，并渗透于教学中。

读写结合的最高境界是"羚羊挂角，水中之盐"，读中习得，写中运用，感悟和实践语言建构相得益彰。

二、以生活为语言运用情境，引导学生学习言语建构

（一）善观察，勤记录，做生活的有心人

生活即语文，生活处处皆语文，要引导学生留心观察生活，积累语言建构的技巧。

著名作家、演说家马克·吐温，被誉为文学史上的"林肯"。他的作品风格鲜明——语言幽默风趣，充满智慧，妙语之下，往往是对社会的深刻洞察与剖析。据说，他有一个很好的习惯——随身带着一个小本子，随时记录自己觉得有意思的现象和人物，作为写作的素材。朱自清的《背影》《荷塘月色》，基于对"父

亲""月色中荷塘"的观察体悟；初唐四杰之一骆宾王，从小就有细心观察生活的良好习惯，5岁便写出了脍炙人口的《咏鹅》；威廉斯能发现常人熟视无睹的细节，在作品《红色手推车》中，采取白描的手法，把红色的车子、晶亮的雨水、白色的鸡并置在一起构图，形成了崭新而独特的观察角度和表达方式。写作源于生活，但凡成名的作家，没有一个不是生活的有心人，他们都擅长在生活中捕捉写作素材，并且融入自己的思考，建构自己的语言。"生活如源泉，文章如溪水，泉源丰富而不枯竭，溪水自然活泼地流个不歇。"这是叶圣陶先生的真知灼见。生活千姿百态，社会瞬息万变，人物形形色色，要用心观察，善于思考，记录、加工提炼生活，建构自己充满生活气息的语言。生活中有许多"可遇不可求"，有许多出乎意料的"不期而至"，有许多的"稍纵即逝"，我们要引导学生关注它们，从而引发学生对生活的热爱。我们可以引导孩子用日记的方式记录生活，把吸引自己眼球、触动自己心弦的，想象的、现实的，天文的、地理的，国家大事、鸡毛蒜皮般小事等记录下来。表达对生活的思考，让语言的建构成为一种习惯，在久久为功的慢涵养中提升语言建构的能力。

（二）突破个人局限，开阔视野，提升思维品质

阿里巴巴主要创始人、数字引领经济高质量发展的最早引领人马云，为什么能功勋卓著？可以说"学习、求变、破局、创新"是他的成功密码。在大千世界里每个生命个体都是渺小的，个人与世界的关系，犹如一滴水与海洋。每个人都有局限性，为了开阔视野，创新思维，马云不断学习，积极进取。他的朋友圈阵容非常豪华，非常强大，有各界名流，有国家领导人物，甚至国家元首。他在用这种方式涉猎全球各界的各种思想，帮助自己探索用国际视野引领经济全球化的路径。同理，要优化、创新语言的建构，也必须突破自身的局限，要有一颗谦卑之心，不断向生活、向他人借鉴，集他人思维之大成。美国作家欧·亨利为了体验监狱生活，故意去饭店吃霸王餐、故意去偷人家的伞……才有出色的短篇小说《警察与赞美诗》。作家们都要去采风，补自己生活经验的不足。教师更要注意引导学生将生命融入较为全息的生活中，将发展变化的生活融入生命中……心不宅，身不宅，走出家庭，进入社会，走进不一样的人群或社会团体，去听，去

看，去感，去思……

作家刘瑜认为"文字不是记录生活的方式，而是体验生活的方式"。因此，在以生活为语言运用情境构建言语时，要引导学生夯实对生活的积淀，更要引导学生从生活的现象中去归纳、思考，发现现象背后的本质文体，让语言建构有个性，有深度，有高度。

三、以课外读物为语言运用情境，引导学生学习言语建构

统编新教材背景下，语文学科正在努力实施"课外阅读课程化"，有"三位一体"的阅读教学体系作为保障，课内得法，课外迁移方法受益。还有"和大人一起读""快乐读书吧""我爱阅读"这些栏目保驾护航。虽然说课内会得法，利于指导学生的课外阅读，但学生的课外阅读，毕竟缺乏老师的监控。再者，课外阅读除了单篇的，还有群文，也还有整本的书，更挑战阅读的策略。因此，为了语言的建构，要在单篇中习得点上的精彩，在群文中习得面上的精彩，在整本书中习得立体的精彩，从而掌握一些切实可行的方法。

可以让学生做做读书笔记，学会摘录觉得有意思的语言，记录自己的感受或体验。还可以画画思维导图，用思维导图梳理故事情节、人物关系，人物和情境之间的关系，通过梳理去发现规律、搅动思维，在遵从规律迁移写一写中构建语言。

在群文阅读中，老师要善于引导学生在比较中发现语言建构的方法。比如寓言、童话、民间故事，都是故事，但每一类别的故事有不一样的语言建构方式，用概念去向学生诠释这几种故事的区别是不适合的，因为小学生的思维以感性为主。再说，概念讲解是老师在传授、学生在接受，淡化了学生学习的主体性。阅读应该是学生通过自己的实践去获得体验，实践方能得真知。同一主题的群文，语言建构的方式也有区别，甚至是迥然不同，也要让学生去比较，去发现，去习得。比如同样是写母亲，冰心的《母亲》、泰戈尔的《金色花》、孟郊的《游子吟》、罗曼·罗兰的《我的母亲》、史铁生的《秋天的怀念》风格各异；同样是童话，常人体童话、拟人体童话、超人体童话写作方式大相径庭；同样是童话，

有的用逆向思维构成故事，有的用顺向思维构成故事……作者的性格、阅历、审美情趣等直接影响作品的风格，因此每个作品的价值体现和语言建构方式是有差异性的，通过比较思辨，各自的特点才更能凸显。

引导学生在阅读中对同一位作家的作品进行分析、归纳，发现作品的共性特点，化用为自己的语言建构能力，也是一种有效策略。比如，学生们较喜欢读的曹文轩老师的作品，通过归纳就能发现，他的作品具有独立的儿童视角、浓郁的乡土情结，语言像水淘洗过一样，且富有诗意。

整本书的阅读，要培养学生结构化阅读的思维和能力。有相当一部分学生阅读课外书主要关注的是情节，漠视其他。一些经典书籍，建议要引导学生用结构化思维去阅读——提炼主题，看作者是从哪些角度进行思考和表达的，厘清文章的结构；文章的结构往往揭示了文章的本质，因此，要引导学生借助文章的结构，纵横联系，上下贯通，更为理性和自觉地去探究作品的核心价值，感悟作者的表达匠心。阅读和写作是一体两面，阅读中的输入，利于表达中的输出。

种子需要泥土，日月需要苍穹，语言建构需要情境催生，更需要真实的语言运用环境点燃智慧。教学的圣境永远"在水一方"，是永远的"梦里水乡"。教无止境，让我们围绕一个个教育教学的话题，以朝圣般的敬畏，精进不怠地共同探究……

指向语用　识体而教
——以统编教材四年级下册现代诗《繁星（七一）》为例

　　"语文课程是一门学习祖国语言文字运用的综合性实践性课程。"《义务教育语文课程标准（2011 年版）》。《课标》还强调"要让学生大量接触语文材料，要让学生在大量的语文实践中学语文、用语文，逐步掌握语言文字运用的规律"。老师们都知道，让学生在大量的语文实践中掌握语言运用的规律，是语文课程的核心理念之一。好的语文课，教学目标的重要指向一定是语言文字运用能力的培养。阅读教学的任务是什么？语用教学肯定是阅读教学的重心。但教学知易行难，在语用教学的实践过程中往往会出现杂乱无章、零打碎敲，表面化、形式化的现象。教师们因为课务繁多，没有足够的时间对教学进行理性的思考，因此教学"行行重行行"，有种"桃源望断无觅处"的感觉。

　　语言文字运用能力的培养可以从小小的字词入手，也可以从篇章结构这样的大处着眼，每篇文章的语用教学点和角度都很多，真是"乱花渐欲迷人眼"。我们要抓住一个或一类文本的独特性展开语用教学，语用教学方能一课一得，学生也更能感受语用的魅力，掌握语用的规律，形成语用能力。

　　"作者思有路，遵路识斯真。""文体有别，教法各异。"每一种文学样式都有自己的特定性，文章体裁有各自的体例范式和语用规律，我们就可以从写作的角度，借助这样的范式与规律，用一篇带一类的策略，引导学生进行循序渐进的语用训练。下面，我结合自己的教学实践，以统编教材四年级下册冰心的《繁星（七一）》为例来谈谈如何根据现代诗的特点，有效实施语言文字运用的教学。

　　我们先来看看《繁星（七一）》：

繁星（七一）

这些事——

是永不漫灭的回忆：

月明的园中，

藤萝的叶下，

母亲的膝上。

这是一首抒情诗，虽然短小，但是非常精悍，寥寥数字就把母亲伟大而平凡的爱、作者对母亲的深深眷恋表达得淋漓尽致。我们可以根据现代诗的特点，尝试着从下面几个方面展开语用教学。

一、注意语序在表情达意上的作用

诗歌特别讲语序，讲构造。不同的语序、不同的构造形成不同的形式美和意蕴美。汉字有非常强大的变化组合能力，可以彼此用不同的方式连缀起来，词句也是如此，同样的字词句可以组合成不同的语序。语序或是常规化的，或是非常规化的。语序无所谓优劣，讲究的是精当，根据表达的需要用得恰到好处就是好的。经典诗歌极具张力，内韵丰富，用怎样的语序进行表达是作者的匠心所在。也就是说，语序是一种语言的外在形式，应该引领学生透过这种语言外在的形式，探求语言的本质内容，把语言形式和内容关联起来实施语用教学。

《繁星（七一）》具体表现母爱的表达语序是"永不漫灭的回忆：月明的园中 ——藤萝的叶下——母亲的膝上"。

在教学中，我尝试让学生变化语序去读，去思，去想象，学生通过比对发现：这里的语序不能变，语序一变，不符合读者的认知规律了，也突出不了诗的主题以及作者对母亲满怀深沉的眷恋。人们认知事物一般是从宏观的感知到微观的体察，因此应该先见园，再见园中的藤萝。我们再从作者表达的主观意愿来看，"月明的园中"是在借月的意象传达一种思念，而且是满园的思念，这园是家的象征。

这就像电影里的广镜头，先把我的思念、母亲的爱铺展开。"藤萝的叶下，母亲的膝上"犹如一个特写镜头，把母亲的爱清晰地放大。最后落笔在"母亲的膝上"是有深意的，重点强调——本诗为母亲、为母爱而作。

二、关注现代诗的节奏和韵律

韵律和节奏是诗歌区别于其他文体的美学特征。诗歌"歌"在其中，具有歌的音乐性，音乐性的特点之一就是节奏。现代诗节奏和韵律由外在的语言形式和内在的意思情感决定。虽然现代诗和散文相比，句式比较整齐，但也有句式的长短变化，这种句子长短变化，交错组织在一起，就成了节奏。现代诗分行写，有时是一个句子一行，有时一个句子分几行写。现代诗有的一节自成一首，有的由几节组成。几节组成的就要分节写。朗读时，标点处、分行处、分节处，都要做停顿，只是停顿的时间长短不一，这时间长短不一的停顿也形成了节奏和韵律。有时，为了审美的需要，或因作者的用语偏好，诗中会出现叠词，或出现句子的复沓，或注意押韵，这些也能成就现代诗的节奏和韵律。内在的节奏和韵律则来源于语义和意境。换言之，现代诗内在的节奏和音律是由作者表达的思想和情感决定的。比如《繁星（七一）》，它表达了对母亲的眷恋，那是一种深情的回味，因此整首诗的朗读语速相对要更缓慢，节奏不宜过快。相比之下"永不漫灭的回忆"要读得最慢，而且"回忆"要读得绵长。"园中""膝上"这是传达母爱的关键意象，要相对读得重些。这样快慢错落、起伏变化、轻重有别地朗读，就形成了语言的乐感，这就是节奏和韵律的体现。这首诗中具体表达回忆的三行的尾字很有意思：

> 月明的园中，
> 藤萝的叶下，
> 母亲的膝上。

"中""下""上"，三个词表达的方位不同，朗读时要读出位置的变化，"上"声调高些，"下"语调最低，"中"语调居中，语调的高低起伏，也是形成节奏和韵律美的因素。节奏和韵律重在感悟，要引领学生在一遍遍有效的朗读中去感悟。

也可以将现代诗和散文、说明文、科普文进行比对，在观察中比对，在朗读中比对，在比对中思考、发现、感悟、习得，还可以迁移练写、读写结合，在表达运用中巩固对现代诗特点的理解感悟，并吸收内化成自己的语用能力。

三、品悟意象内涵的丰富性和多义性

"意象"中的"象"是客观物象，"意"是主观情思，"意象"就是客观物象和主观情思融合一体的艺术形象。"意象"能够使内隐的情感志趣外显化，增强读者的审美愉悦。意象还能给读者很多想象的空间和维度，使作品有很强的张力和个性魅力，给读者"言有尽而意无穷"的感觉，这就形成了意象内涵的丰富性。在教学实践中，要扣住意象，引导学生大胆想象。通过想象化静为动，化虚为实，化实为虚，化无声为有声，使意境开阔起来、多元起来、立体起来。《繁星（七一）》中的"意象"有"月明的园中""藤萝的叶下""母亲的膝上"，怎么具体扣住这些意象引导学生想象呢？

"月明的园中""藤萝的叶下""母亲的膝上"这些是有共同意义指向的意象群，先让学生将其作为一个整体去想象，还文字以画面，然后再在一个个意象中，引导学生去探求意象的丰富性和多义性。"月明的园中"我是这样教学的，首先让学生说一说"月明的园中"给了自己怎样的感受。有的说"月光很柔和，妈妈的爱也像月光一样，柔柔美美地充满园中"；有的说"月光下的园子很安静很安静，不会像在阳光下那么燥热"；有的说"月光下的园子最美了，在外劳作的爸爸妈妈回来了，园子里有了家的温馨"。"月明的园中"的多义性就在学生个性化的表达中显现出来了。

接着让学生去感受"月"在诗中的意象，让学生想象园中有什么。立足于四季不同的景致去想象，根据一日中不同的时段去想象，想象在园中"母亲"陪伴孩子成长的点点滴滴。然后话锋一转："为什么园中有这么多可写的，却单写月明之下的园中？"让学生大胆推测。"不愤不启，不悱不发。"在学生矛盾困惑时进行语用上的点拨："月"是诗歌中一个常见的，表达思念之情的意象。相机整合学习南唐李煜的《虞美人》。

虞美人·春花秋月何时了

【南唐】李煜

春花秋月何时了，往事知多少？

小楼昨夜又东风，故国不堪回首月明中！

雕栏玉砌应犹在，只是朱颜改。

问君能有几多愁？恰似一江春水向东流。

都是"回首"，都是在"月明中"，作者李煜和冰心都是在借月抒情，前者抒的是亡国的愁与恨，后者抒的是对母亲与母爱的追忆。顺势整合学习有"月"这个意象的诗句：

"海上生明月，天涯共此时。"

"今夜月明人尽望，不知秋思落谁家。"

"只今惟有西江月，曾照吴王宫里人。"

"但愿人长久，千里共婵娟。"

让学生读中悟，悟中读，明白"虽然'月'是自古以来特定的意象，但它的象征意义是多样的，根据作者所要抒发的主观情志而变通。有时是边塞的意象，有时是愁绪的意象，有时是时间的意象，有时是爱情的意象，有时是亲情、友情的意象。"

用简洁明了的语言，抓住事物的特点进行表达是说明文的底色；以论点为中心，用有效的论据进行有力的论证是议论文的特点；以意象为重，语言凝练，具有内涵的丰富性和多义性是古诗的特点……文体有别，教法各异，语用教学应关注文体特征，根据"这一课""这一类"的特点引导学生从语用的视角去观察、发现、内化、吸收，有效形成语言文字运用的能力。

课堂结尾应避免的几个问题

一堂好课犹如一件结构精美的艺术品，不仅要有一个好的开端和发展，更要有一个完美的结尾来画龙点睛，但在教学的过程中，或许是因为课末时间仓促；或许是觉得结尾不是课的主体部分，课接近尾声，效果基本定了；或许对课的结尾研究不够，掌握的方法有限，因此，课的结尾就会出现各种问题。

问题一：画蛇添足

作文课至尾声一般是学生动笔习作。不少教师喜欢在这样的时候配上经典的音乐，乐曲在教室里袅袅萦回，优美的乐曲悦耳又赏心，师生都沉醉其中，但学生很难一心两用，结果精力分散了，思维干扰了，文自然也就难以作出了。习作是思维性很强的，应该给学生一个静思默想的时空，此时的音乐有弊无益，如同画蛇添足。这当然不是音乐错，音乐有陶冶情操、触发情思、撼人肺腑的作用，但它和其他的教学媒体一样要用得适时。如《鸟的天堂》一文，学生品读作者写第一次经过"鸟的天堂"时，就可以配以舒缓的乐曲，让学生感受到静谧中的悠然、恬静、自在；品读描写作者第二次经过"鸟的天堂"的欢腾场面时，配以欢快的乐曲，让学生在舞动、欢快的旋律中更为有效地感受"鸟的天堂"的动态美。那是不是音乐就不能在课的结尾播放？不是的，语文课是灵动的，不可能机械地规定在什么环节用什么教学方法。"教无定法，教学有法，贵在得法。"任何一种教学手段、教学媒体都有它独特的教学价值，只要用得其所，便能彰显其效果。乐曲的播放，用在开课之时，能渲染气氛，为后面的教学蓄势铺垫；课中播放，则能帮助突出教学的重点，突破教学的难点；用于结尾，则能让课堂情感、思想的主旋律绵长萦绕于学生的心间，起到升华学生思想和情感的作用。比如送别诗组的教学，就可以在课尾播放乐曲《送别》，让"长亭更短亭"的形象美和人情美熏陶感染学生。一位老师执教完五年级上册清少纳言《四季之美》后，以问题"《四季之美》写的是哪几个季节的美？清少纳言笔下的四季美吗？"来结课。对于第二学段的学生来说，课文非常清晰地写着"春天""夏天""秋天""冬天"，学完课文了，写的是哪几个季节还有必要问吗？"清少纳言笔下的四季美吗？"这个问题也没有思维的价值：如果不美，那不是文不对题了吗？如果把问题换成"你觉得四季最美在什么时候？"然后让学生仿照课文写一写。这样，就依托问题，链接了学生的生活，既升华了学生的情感，又强化了学生的语用能力。不少课堂在结尾时会问一些"好不好？""会不会？""行不行？"等无须学生过脑回答的假问题。课堂怎样结尾，应该立足学生的成长，着眼教学效率，根据教学的实际需要来设计。课堂的每一个环节，都应该是教学的必须，都要科学合理地去设置，都要成为课堂的必要组成部分，而且要尽量做到最优化。

问题二：舍本求末

这里的"本"指课堂教学的重点。虽然教学是极具个性与灵性的，但每堂课都有教学的重点所在，都有"一课一得"的所得之处，只是每个人"得"的路径不同而已。虽说"教无定法"，但无论教学如何变通，都应该把教学重点作为课堂教学的主旋律。有一位思想品德课老师在执教《公共场所拒绝危险》一课结尾时，让学生画一画课本之外的危险，比一比谁画得更像。学生想到了很多很多，但大多不能画出来，急得个个眉头紧锁，抓耳挠腮。要知道品德课不是美术课，不应该比学生的绘画技艺。这节课教学的重点应该是加强学生在公共场所的安全防范意识，如果将"画一画"改成"说一说"，不是更能突出重点，达到教学目标吗？有位语文老师执教统编教材六年级上册第四单元的课文《桥》，结尾时让学生换位成课文中直面洪水猛兽的村民，说说自己当时内心的惊恐。《桥》是一篇小小说，根据单元语文要素"读小说，关注情节、环境，感受人物形象"和课文特点可知，这篇课文的教学，主要是要发挥"桥"这一短小说的例子作用，体会小说的三要素"情节""环境""人物"的关系，而且明白"情节"与"环境"服务于人物形象的塑造。课的结尾，可以进行拓展迁移性学习，看看其他小说里有怎样的环境和情节描写，又是怎样为刻画人物形象服务的。新教材背景下，可以根据单元语文要素和课文的特点确定教学的重点。课堂收尾应该立足教学重点，进行学习的强化、提升或拓展。老师是课程的参与者和建设者，有自主创造教学的空间，也应该具备这种能力，要用自己的思想将教学"经营"出自己的风格，但对于《课标》规定的各学段学习的目标、要求，语文学科的特点，语文学习的规律，都应该关注好，并将其作为设计教学流程、确定教学重点的重要依据，这样就能保住语文教学的本真，不至于本末倒置，舍本求末。

问题三：凌驾学情

许多老师往往喜欢在课堂结尾让学生往高处攀一攀，这无可非议，"跳一跳摘桃子"嘛，这有利于激活学生的学习潜能。但"桃子"不能悬得太高，不要学生极尽所能也够不着。有位老师教学统编教材三年级下册古诗《惠崇春江晚景》，在课堂结尾时，让学生画一画"正是河豚欲上时"的情形，用以补充画面。《惠崇春江晚景》是一首题画诗，诗中景物大都是画里所现，只有"河豚欲上"是画外的，来自作者的想象。想象是个性化的，想象中形象是丰富的、因人而异的，诗中的河豚到底是怎样的？"一千个读者，一千个哈姆雷特"，读者依着诗句想象出来的河豚是不一样的，而且每位读者心中、脑中的河豚又是灵动、变化的。这"河豚欲上"让画灵动起来了；这"河豚欲上"让画面实中有虚，虚中有实，动静相宜。如果让学生画，学生对河豚不太了解，不知如何画。即便能画出来，河豚僵滞的样子也破坏了画里的韵致，将一幅活画弄成了一幅"死画"。还有一位老师在执教统编教材一年级下册古诗《静夜思》时，让学生挖掘古诗的内涵。回顾《课标》中对第一学段的相关要求：诵读儿歌、儿童诗和浅近的古诗，展开想象，获得初步的情感体验，感受语言的优美。第一学段古诗重在读，重在想象，在"读"与"想象"中感知与感受。这位老师这样教学，没有顾及学情特点，拔高了要求，教学要求超越了学生的能力范畴。

学情是任何一个教学环节都必须正视和重视的。课堂结尾实施对教学的提升，应该立足学情，关注学生最近发展区限度，才能实现教学价值和意义的深度开发和有效提升。罔顾学情，拔高学习要求，徒劳无益。

问题四：不思变通

教学设计是对教学的一种预设，理想的教学是预设与生成的和谐共振。一些老师或许是为了课堂结构的完整性，连课堂结尾都不折不扣地执行预设，该变通时不变通。比如有位教师上的是识字课，课尾反馈生字的认读和识记情况，发现大部分生字学生都能很好地按要求掌握，但还有两个要求会认的生字有相当一部分学生不能准确认读，两个要求会写的生字学生不能正确识记。这位老师对这些置之不理，依旧按照预设来结束这堂课——每个生字齐读两遍，每个会写的生字在田字格里写三遍。既然发现教学不到位，何不变通教学，来个对症下药查漏补缺呢？还听过一位老师执教人教版的《大瀑布的葬礼》，课堂接近尾声时，一学生质疑："一个总统为一条瀑布主持葬礼，难道他就没有更重要的事情要办了吗？"本来，抓住这个"别样"的问题能生出"别样的精彩"，可以据此组织学生进行讨论交流，走进伟人的情怀，受到情感的熏陶感染，并把环境保护的意识根植于心，把保护环境的行为外化于行，这应该是立德树人，点亮课堂的教学生成处。然而，这位老师充耳不闻，依旧"端出"事先准备好的填空题："瀑布原本 _____，后来因为 _____，所以 _____。从中你明白了 _____。"这样的教学就显得十分刻板了！这种教学，忽视了学生的主体地位，缺乏灵性与活力，难以看到思想的碰撞、言语的交锋，更难看到智慧的闪光、创造的火花，学生难在其中得到有效发展。

问题五：拖泥带水

"编筐编篓，全在收口"，课堂教学要像写文章一样，讲究凤头和豹尾，开头用较短的时间蓄势激趣，结尾要干净利索地对课堂进行小结和提升。有位老师在教学《狐狸分奶酪》时，课堂结尾让学生说说还有哪些分奶酪的方法，哪些方法更公平、更科学。为此，老师组织学生展开了长达8分钟的交流讨论，后面还有汇报环节。回归文本之中我们不难发现，本文是借这一民间故事告诉读者：朋友之间若斤斤计较，就会让别有用心的人有机可乘。而这一教学结尾看似体现了学生的主体性，实则脱离了文体特点，游离于文本价值之外，热闹繁杂，却了无成效。

"问渠那得清如许，为有源头活水来，"老师要积极学习先进的教育思想和教育理念，不断武装和完善自己，努力做到眼界宽、站位高，采取新颖的课堂结尾设计方案，让学生带着悬念、回味、深情、神奇去探索，去成长……

巧诱孩子来阅读

　　兴趣是撬动学习"地球"的支点。从教育心理学角度观：学习兴趣是一个人倾向于认识、研究获得某种知识的心理特征，是推动人们求知的一种内在驱动力。统编新教材课外阅读课程化，使课外阅读从原本的"杂牌军"变成"正规军"。"三位一体"阅读教学实施原则，"和大人一起读""快乐读书吧""我爱阅读"教材板块的创新以及"阅读策略单元"的设置，为课外阅读课程化的落地生根、开花结果提供保障。就教学而言，阅读终归是学生自己的事，阅读教学的最高要义是让学生真正把书读起来。那么，如何让学生心甘情愿地阅读呢？

　　回望历史，汲取古人智慧。"苏老泉，二十七，始发愤，读书籍。"苏老泉就是苏洵，唐宋八大家之一，二十七岁开始发奋励志，为了让儿子苏轼和苏辙爱上阅读，苏洵使了一些"小计谋"。孩子们玩闹时，他时常躲进孩子们不容易发现、又能被发现的角落，捧着书本津津有味地阅读。一次，孩子们发现躲在角落看书的父亲，不由地好奇父亲读的是什么书，竟如此专注、入神。近前探寻秘密时，苏洵忙把书合上，假装若无其事离开。时间一天天推移，两个孩子的好奇心越来越强，对书本的兴趣越来越浓厚。可苏洵仍旧故弄玄虚，有意在孩子远瞥时，把适合孩子读的经典书籍藏在阁楼。欲盖弥彰的举动让两个孩子更想一探究竟。于是，趁父亲不注意，"偷"下书来阅读。久而久之，两个孩子对书本产生浓厚的兴趣，阅读成为他们终身的习惯……最终，父子三人皆成大文豪，在唐宋八大家中占据三席，旷古烁今。如此，艺术性地创设阅读氛围和常态化引领阅读结出了硕果。

　　回到当下，品品蒋军晶老师是怎样"诱"孩子读书的。他在《和孩子聊书吧》中说："如果你的家里有书架，而书架上的书达到两百本，那么你的孩子爱上阅读的可能性可以达到60%。"我们怎样理解蒋老师的这一说法呢？

　　个人认为，这一说法是在强调：要让孩子爱上阅读，必须营造一定的家庭阅读氛围，家长必须爱阅读。一个不爱读书的家庭，精神是残缺的，是很难培养出爱阅读、精神健朗的孩子的。要让孩子爱上阅读，成为一个"终身阅读者"绝非易事。电脑、电视和手机对孩子的诱惑极大，真正依靠先天禀赋静心以读书为乐的孩子鲜见，绝大部分孩子的阅读习惯是需要引领的。"书架上的书达到两百本"不能简单地理解为把两百本书放置书架，这里倡导的是作为家长应该有的一种生活方式：把读书放在心上，常和孩子一起去阅览室、书店筛选、购买书本，和孩子共历阅读，一同完善阅读书目的建设。如果家长把书往架上一码，指令孩子阅读，自己却丝毫不碰触，如此行径，绝大多数孩子是不能理解阅读的意义，也不能体验阅读的喜悦的，书架上的书除了摆设还是摆设。蒋老师之所以强调家庭阅读，是因为当下中国家庭阅读严重缺失。蒋老师作为阅读推广人，深切感受到要让孩子爱上阅读、终身阅读非常艰难，务必在打底色、奠基础的小学阶段，家校合力营造良好的阅读氛围，尽可能让孩子萦绕在书香中，在成人阅读行为的熏陶引领中爱上阅读。进而，才能让更多的孩子不知觉中将阅读变成自己的内在所需，像呼吸一样自然畅快，且不可或缺。

深入思考，蒋老师大概还想传达另一个阅读信号：孩子阅读的最高要义是让孩子把书读起来，需放手让孩子用自己的方式大量读自己喜欢的有益的书。现在，有专门的阅读课，有书，有阅读场地，有专业的阅读指导，但不少孩子还是不愿读，这是为什么呢？除了阅读氛围不浓，兴趣缺乏，成人阅读引领缺失，还因为孩子的阅读往往是戴着镣铐的。比如，阅读之前就被要求摘抄、写心得、画思维导图、做手抄报等等，心中压着任务，这种负累阅读、功利性阅读，又能让多少学生爱上呢？阅读首先要沉浸于书本中，用心对接书中的文字、图画、故事、情感……身临其境、感同身受地进入书中的世界。唯如此，才能真正感受到"书中自有黄金屋，书中自有颜如玉"的阅读喜乐，从而爱上书籍，享受阅读。成人可以对孩子的阅读有提点、有要求，但要适时、适机、适合，不能成为羁绊孩子阅读的枷锁，不能坏了孩子酣畅淋漓的个性阅读、创意阅读，而要起到促进、激发学生更多元、更深入、更主动地把书读好的作用。孩子处于行为习惯、学习品质的养成期，自觉主动性相对欠缺，因此，需要大人，包括家长、老师和其他社会成员，自己先把书读起来，再激励孩子融入阅读大潮，并进行共读，能够和孩子聊自己的共读所得，在轻松愉悦的氛围中聊出智慧、聊出推动孩子阅读的成效。

可以是一对一的聊，也可以是多方共聊；可以在"导读课""推进课""交流课""延伸课"中聊，也可以相机利用课外时间聊。"聊书"是一种智慧，因生而聊、因书而聊、因时而聊。抓住共读书本的特点，尤其是内容的矛盾冲突处、学生兴趣喜好、思维激荡点聊。在聊中不断激发孩子的阅读期待，获得新奇发现，期间使孩子习得"复述、预测、提问、图像化、联结、概括、对比、快速阅读、有目的地阅读、自我监控（理解）……"等阅读策略，自觉主动地灵活运用于阅读实践活动中，形成较强的阅读力。通过聊，还要让孩子获得个体阅读所不能见的点、面，乃至书本通体。

蒋老师的这番言说，传递的是关于促进孩子阅读的教育理念，旨在启示：引导孩子阅读，要遵循阅读规律，尊重孩子的认知本源、思维本源，建构绿色的阅读生态，让立体式阅读最大限度地唤醒孩子自我成长的生命力与创造力。

《菜根谭》里说，鱼儿在水里欢畅地游动，却不知道有水；鸟儿在天上快乐地飞翔，却忘了风的存在。这番富有哲理的话语，也蕴藏着教育的本真：真正的教育不是耳提面命，不是压迫，而是春风化雨的濡染。引导孩子阅读何尝不是如此呢？

揣摩和运用好绘本中的绘画语言

绘本到底是什么？有的说绘本是好玩的幽默，有的说绘本是大开脑洞的载体，有的说绘本是亲密、宝贵的伙伴。绘本生动活泼，图文兼美，大都图文配合呈现有趣的故事，也有不少是趣味科普内容。绘本有三个特质：图画、文字、创意。它不仅能传递故事、知识，开发多元智力，还能为读者建构精神世界，因此成了发达国家家庭首选的儿童读物。有研究表明，小学一、二年级的学生读整本的书应从读绘本开始，因为一、二年级孩子的阅读兴趣、习惯大都有待培养，识字量不大。有人认为绘本"文字少，价格高，没有用"，这种偏见形成的主要原因之一是没有正视绘本中绘画的价值。绘本"绘"字当先，老师们要引导学生揣摩和运用好绘本中的绘画语言，唯有如此才能充分发挥绘本的作用，实现绘本阅读的价值。绘画语言指的是绘画的表达方式，包括线条、构图、色彩、场景、造型……

一、根据图画把握绘本的主要人物，感知人物的特点

绘本大都是以故事的形式呈现的，即便是趣味科普，为了凸显趣味，增强可读性，也基本上是以故事的形式呈现。既然是故事，定然会涉及关键要素之一"人物"，可以引导学生学会从绘画中判断主要人物——占据画面的主要位置，占位比较大，而且会在比较突出的位置频繁出现的人物就是故事的主要人物。有的绘本只有一个主要人物，有的绘本有两个以上的主要人物。如《我爸爸》就只有一个主人公——"我爸爸"。《我爸爸》中，"我爸爸"在每一幅图中都出现，如果画面中会出现其他人物，其他人物占位小，都在"我爸爸"的身后，是起陪衬"我爸爸"的作用。《逃家小兔》中，妈妈和逃家小兔出现的频率相当，占位也无主次可言，可见，"妈妈"和"想要逃家的小兔"都是故事的主人公。《南瓜汤》从画面可以看出，主人公有"猫""狐狸"和"鸭子"……老师除了可以引导学生从图画中判断主人公是谁外，还可以引导学生通过语言、动作、行为、

周围的环境去观察、感知人物的特点，引导学生在单幅图中去观察、感知，在前后图画的联系中去观察、感知，在图文的结合中思考、分析人物，走进人物的内心世界……比如，小鸭子生气出走后，小松鼠很担心，背着胳膊徘徊，这处绘画表达了小松鼠怎样的内心？提示当时小松鼠内心的情感是怎样的？他当时还可能会说些什么呢？可以让学生去设身处地、身临其境，前后连贯地去猜一猜、想一想、演一演……从而让学生明白小松鼠对朋友是真心的，在和朋友闹出矛盾、朋友离开之后，他有担心、后悔、难过，他盼望着朋友快快回到身边；同时让学生明白友谊不仅仅有开心，还有矛盾、担心，但无论如何都应该是真心的，只要真心在，矛盾过后，友谊会增进。

二 、根据图画中的人物预测和推断情节的走向和发展

绘本大都以故事的形式呈现，故事就离不开人物和情节，人物直接影响着情节的形成和发展，可见，人物和情节又有着密不可分的关系，我们可以引导学生根据绘画中的人物表现预测和推断情节的走向和发展。比如《小魔怪要上学》，在首幅图中，小魔怪的爸爸老魔怪拿着骨头或在剔牙，或引诱小魔怪去吃人，小魔怪不满意爸爸妈妈的做法，气呼呼地站在食人老魔怪爸爸妈妈的对面，满眼的怨气。老师们可以据此引导学生推断小魔怪内心的想法，预测小魔怪会做些什么，他和爸爸妈妈之间会发生什么事情……后来小魔怪上学了，喜欢上了讲故事，老魔怪爸妈耳贴门听小魔怪讲故事，随着绘本故事情节的推进，出现了这样一幅图：爸爸妈妈和小魔怪同坐一张沙发上，小魔怪坐中间讲故事，爸妈微笑着坐两边贴着小魔怪听故事，温馨怡人。可以据此引导学生推测老魔怪的变化。在一步步的推测中，让学生切身感受到书籍的力量、阅读的重要性，从而爱上阅读……再如《老虎来喝下午茶》封面图：小姑娘和老虎同坐一桌喝茶，小姑娘很友善，老虎很安详，慈眉善目，微笑着似乎在和小姑娘聊着什么。可以据此引导学生预测：老虎进家以后做了一些什么，家中的成员如何对待老虎的……在大胆的预测中，在潜移默化中受到爱与分享等美好品行的熏陶感染，将孩子引向至真、至纯。

三、引导揣摩副图在绘本中的作用

写文章为了表达的效果，讲究表达方法。绘画和文章一样要讲究主题，要传情达意，也要讲究表达技巧，这就有了绘画语言。为了达到较好的效果，有的绘本的图画有主副图的有机融合，画中有画，图中有图。老师要引导学生揣摩副图与主图的关系，领悟副图在表情达意上的作用。比如绘本《我爸爸》以孩子的口吻，描绘了一位既强壮又温柔的爸爸。这位爸爸不仅样样在行，给孩子十足的安全感，还像太阳一样温暖。其中有一幅图反映的是爸爸很勇敢，对进家的大灰狼呵斥并赶出家门，一贯凶猛的大灰狼只好灰溜溜地夹着尾巴逃出家门。透过大门口可以看见一幅副图：三只小猪和小红帽躲在树底下偷窥大灰狼。老师要引导学生联系《三只小猪》和《小红帽》的故事去想一想：为什么要出现这样一幅图？从而明白：小红帽和三只小猪都受过大灰狼的欺负，大灰狼本质是凶恶的，因为爸爸保护"我"，"我"才不至于像小猪和小红帽一样受大灰狼的欺负。也就是说副图对"爸爸"的勇敢起到了凸显、烘托作用。再如《朱家故事》，妈妈觉得父子仨太懒了，离家出走，留下一纸留言：你们都是猪！结果家里无序，一团糟！主图父子成了猪头猪手，副图开关灯饰也成了猪头。可以引导学生结合看绘本的感受去猜一猜，作者为什么这样画？在交流讨论中明白：因为懒惰，没有人的勤劳，就会像猪，家就不像人住的家……

四、领悟绘本中绘画语言所传达的精神内涵

绘画是一种艺术实践活动，线条、色彩、造型和构图有机组合搭配，形成绘画语言，完成传达精神内涵的任务。绘画语言的表现形式是多元的，是画家根据表达的需要而定的。有时，一个绘本从头到尾有相对固定的构图，比如《我爸爸》，"我爸爸"无论做什么，无论什么时候，穿的都是同样一件黄格子睡袍。即便是爸爸变身成了鱼、河马、猫头鹰、猩猩，身上的花纹也是同样的黄色格子睡袍，要引导学生走进绘本，走近作者安东尼·布朗，探索其奥妙。在探索中让学生明白：作者安东尼·布朗9岁的时候，父亲就去世了，这件黄格子睡袍是父

亲的遗物，这睡袍寄托了父亲对儿子的爱，也寄托了儿子对父亲的无尽思念。绘本中这不变的黄色格子睡袍的重复出现，就是象征着父亲与儿子之间永恒的爱。

深入领悟其绘画语言：真正用简单表达丰富地、用一件睡袍淋漓尽致地表达了无穷无尽的、永恒不变的、动人心魄的人间最纯最美的真情——父子情。再如法国作家玛丽·阿涅丝·高德哈文、大卫·派金斯的《小魔怪要上学》。小魔怪是食人魔的孩子，他的爸爸妈妈总想着吃人，自私、残忍，可是他和爸妈不同，他从来不吃人，羡慕人类的孩子有那么多的游戏方法，有那么多的快乐，他渴望爱、温馨与友谊。可以引导学生从光线的黯淡、颜色的黑沉中体味小魔怪内心的不满、懊恼……从图案的光鲜亮丽中让学生品悟：在故事的引领下，在书籍的作用下，大魔怪变了，变得友善、开明了，大小魔怪内心都是光明的，都充满欣喜。又如《朱家故事》，父子仨求女主人回家，答应女主人会一起分担家务，而且用行动履行了诺言，结果父子仨恢复了原形。可以让学生从中体会到：只要付出努力，认真改变，就一切能向好、向上。同时也让学生明白作者安东尼·布朗的匠心所在：用幽默的方式，轻轻松松中引导大家正确处理家庭的分工，学会对家务的分担、对亲人的呵护……

绘本中的绘画语言贯穿绘本的始终，可以说无处不在，它是"画家的心机"，它在文字的配合下实现绘本的价值。在引导学生读绘本的时候，不但要提醒学生关注好绘画，注意描绘的内容、使用的材料、采用的技法、呈现的风格，注意构图、色彩、场景、造型，还要引导学生去看，去想象，去演示，去演绎，去交流，去讨论……感受绘画语言营造的氛围；在有韵味的造型中，在图与文的绝配中，感受人物、欣赏故事、学习知识、涵养性情；在绘画的静与动中，驰骋想象，把画面读活，把绘本传达的美读融到心里；在自然天成或幽默夸张的绘画中感受绘者的匠心、世界的精美、艺术的精湛。潜心其间，在一个个绘画细节的品读中与作者心意相通，切实体验绘本以简胜繁的魅力，培养敢于打破格局的创新意识……

整本书阅读教学的策略

《课标》提倡"多读书，读好书，读整本书"。课程专家吴忠豪呼吁将整本书阅读作为语文教学的核心课程。统编教材大力推荐整本书的阅读，对整本书阅读的重视达到前所未有的高度。因此，实施好学生的整本书阅读，是每个语文教育工作者义不容辞的使命担当。

一、价值引领，把舵引航

余文森教授在他的《核心素养导向下的课堂教学》一书中强调：课堂教学需要且必须有价值引领。整本书阅读教学更需要价值引领。那么，具体涉及某本书的阅读教学，如何更好地体现其价值？首先，教师必须对书进行沉浸式阅读，字字画画入目，句句章章入心，读通读透，品其味，悟其蕴。接着跳出书本，看看所读是哪一类书，这一类书的共性价值何在（按文字与图画的配比可以将整本书分为"绘本""桥梁书""纯文字书"；按照内容性质，整本书可以分为"文学类""自然类""科学类""人文类"……分类的标准不同，分出的类别不同，可以用不同的分类标准去审视书的类别特性和阅读价值。老师容易忽视绘本中的"绘"。"绘本"，"绘"当先，图画的颜色、线条、光亮度，人物站位，物象大小比例，单页、跨页、延展页的设计，都在传达意思，和文字一样都在构建文本的价值，必须引起重视）。教师还要关联作者、时代背景，借助其他相关资料，再次审视书本的阅读价值。再接下来，对接教学，用儿童的视角去审视，用儿童的心灵去体会，看教学的价值何在，根据教学的价值，对接学生的兴趣爱好、认知规律、已有水平能力和最近发展区，设计和实施教学。"没有科学勘探，就找不到有价值的矿床"，同理，没有教师的价值意识引领，没有前期的有效铺垫，整本书的阅读教学就不可能有好的开启方式和实施行为。

二、把准课型，增效提能

整本书阅读是相对于微观的"单篇阅读"、中观的"群文阅读"而言的，是一种更为宏观的阅读。相比之下，整本书文字多、篇幅长、内涵丰富，可能还结合了多元主题，涉及了多种体裁……需要更充足的时间，更强而持久的阅读兴趣和阅读力。而孩子年龄尚小，必须靠成人引领、促进、点拨和启发，于是要靠一定的课型来保障整本书阅读课程体系的有效实施。从功能上看，整本书阅读教学课型主要有"读前导读课""读中推进课""读后交流课"。三种功能不同的课，相互关联，互为依存。

（一）导读课

"导读"，顾名思义是引导学生阅读。"趣"是阅读之先导，导读重在导趣，让学生"窥一斑"，引发其"知全豹"的欲望。如何导趣？何为真趣？因生、因书而异。导趣的方式有很多：图像导趣法、情节导趣法、朗读导趣法、故事导趣法、人物导趣法、声音导趣法、活动导趣法、猜想预测导趣法、任务驱动导趣法、悬疑导趣法、讲演导趣法……导无定法，贵在得法。往往一本书的导读可以综合运用多种方法。下面以冯骥才先生的《俗世奇人》的导读为例来谈谈。

1.情节悬疑激趣导读。如《张大力》的导读，教师可以在学生互动中讲述情节悬疑激趣——

师：侯家后一家卖石材的店铺，叫"聚合成"。大门口放一把死沉死沉的青石大锁，锁把也是石头的。锁上刻着一行字：凡举起此锁者，赏银百两。（师将百两银与当下的钱物进行换算，知百两银是大财一笔，对当时的市井生意人来说是非常不容易得来的。）

[生猜测店铺老板为什么敢出那么高的价，感石锁之重非凡。]

师：张大力举起来了，却没有得到赏钱，为什么？

[生大胆猜测]

师：店铺老板没有失信，张大力也确实没有得到赏钱，引得围观众人大笑。为何？到《俗世奇人》里一探究竟。这本书里的人物和故事都是闻所未闻，见所未见，而且每个人物和每个故事都不同，不同的人物，不同的故事，一样"奇"得空前。

2.图片导趣——

可以根据其中几个人物的特点，画出对应的漫画，让学生从书中找对应的人物，然后根据故事给漫画进行个性配文。

3.活动导趣——

开展别开生面的"讲奇人说异事"比赛。

比赛形式：8~9人为一小组，小组之间展开竞赛。

比赛内容（回答问题，"导读单"呈现，学生人手一份）：

（1）有哪些奇人？他们的特点分别是什么？（可以用自己的语言回答，也可以用书中的语言）

（2）每个奇人的名字怎么来的?

（3）从哪里可以看出这些奇人都是"俗世"里的?

比赛规则：组与组之间以接龙回答问题的形式开展淘汰赛。每个问题为一个比赛项目，不同的问题设定不同的比赛时间。小组内每个成员轮流接龙参赛，如果时间未到，停顿6秒接不上，整组淘汰。回答精彩，博得别组同学自发掌声，每人（次）奖励一次复活机会。

借助孩子争强好胜的心理驱动学生阅读，在阅读的过程中，一位位奇人、一件件趣事自然而然可以助推孩子阅读。

4.以说书人说书的方式导趣——

《俗世奇人》如天津卫的"清明上河图"，每个人的奇都是别样的风景。

文字透着市井味，寥寥几笔，人物形象呼之欲出，简直就是说书的脚本。老师可以用说书人说书的方式说某个奇人故事。布上景，用上道具，佐以表演。根据书本描写，依着天津卫的俗言方言,在抑扬顿挫、刚柔相济的变化中,在"帅""斗"之韵中，引学生入胜，诱发学生的阅读期待。

......

导读激趣法不胜枚举，上面列举种种，适合人物特点鲜明、故事性强的书。用对方法只是找到了导趣的路径，效果如何还要看方法运用得怎样。比如，同样是朗读导趣，但每个教师对文本把握的能力和朗读的技巧有所不同，效果也就不同，甚至迥然。曾经听过一个老师为同学朗读《青铜葵花》里的一个片段，老师想通过声音将孩子带入文字世界，去感受"天空下大片大片芦苇无人问津，幸好一年四季有流水经过"衬托出的葵花的孤独与寂寞，从而引发学生对葵花命运的热切关注，生发阅读探究的欲望。但老师读得苍白无力，没有什么感染力。后来看到《青铜葵花》作者曹文轩老师接受栏目采访，恰好谈到同一片段朗读，他说是在深圳听一位老师朗读的，曹老师说，他自己写这篇小说都没有这样感动过，眼泪都听出来了，在场的男老师没有一个不红眼圈的，在场的女老师没有一个不落泪的。这样的朗读一定能激发听者欲罢不能的阅读欲望。

（二）推进课

推进课，自然要推要进。那么推进什么呢？

一要推进兴趣，让兴趣浓厚起来，多元起来。以六年级上册教材中"快乐阅读吧"推荐阅读的《童年》为例来谈谈。《童年》以平实的笔调，真实记录了作者4岁至10岁期间的成长岁月。阅读的实践证明，很多孩子聚焦外祖父这个角色，对其他人物会忽视；对外祖父的兴趣主要是他恶的一面，而忽视他矛盾品性的另一面——善；对整部作品同学的兴趣更多在苦难的呈现上。是的，书中的每一个人物形象都蘸着悲情，涂着酸涩。书中的大部分故事也渗着寒，透着苦。所有的酸楚、苦寒、悲情都种在当时俄国社会的黑暗中。但在真实的丑陋中也能发现美，相信美，创造美；在黑暗的现实里也要不忘寻觅希望，向着光亮坚强生长；用心中的光明撕破黑暗，身处苦难也要让幸福开花。这才是《童年》的核心价值，更要让孩子们去遇见，去涵养。否则会造成整本书阅读价值的严重缺失。要通过兴趣点的交流拓展兴趣，促进后续更为全面的对作品的阅读理解。

二要推进阅读的进度。推进课是在阅读的过程中进行的，每个孩子的阅读力和阅读主动性不一，阅读的进度一定会有参差。整本书的阅读教学也应关注全体，尽量不让一个学生掉队，因此要关注学生不同的进度，通过检测单的测评，查找读得较慢的学生，并了解原因，进行鼓励与鞭策。

三要推进阅读方法，通过同伴间方法运用的交流启发，能够恰当运用更多的方法读整本书，读某些章节、某些人物……比如《昆虫记》，它对昆虫的种类、特征、习性，甚至婚习进行了较全面的描写，是一部生物学宏伟巨著。更可贵的是，作者不单是写昆虫，他用敏锐的眼睛、敏感的内心、闪光的人性观察昆虫。书写昆虫多彩生活的每一个笔触，蕴含了作者对生命的敬畏和热爱，并融入了自己对生活的感悟。推进课中，思维导图、想象、预测、联结、角色自居、批注、做读书笔记……这些读书方法，作为高段的学生有储备，会涉及，可以先让学生展示，在展示的基础上优化。思维导图如何操作呢？整本书的思维导图，要关注提取信息是否得当，内容的呈现、图形的设计是否依文依本，是否准确展示整本书的构架。如果没有，点拨示范，让孩子在课后自主阅读中完善。孩子可能会从"昆虫"和"作者"两方面去呈现思维导图。在学生已有的基础上，在鼓励的前提下，引导孩子书图对照，弥补不足。昆虫的思维导图，可以由师生共同完善一种昆虫的，以供孩子借鉴，助其在课后的后续阅读中完善其他昆虫的。关于作者的思维导图，启发孩子从"善观察""善表达""爱生命"这三方面进行延展。课中，可以师生共同完善一方面，其他方面学生课后阅读中自行完成。

四要推进阅读的质量。整本书阅读既要讲速度，更要讲质量。比如曹文轩先生的《草房子》，是由油麻地里一个个人物和一个个故事构成的，一个人物前前后后带着一串故事。学生因为习惯于一个故事一个故事孤立阅读，很少学生会去思考故事之间的联系，以及故事背后的意蕴。那么就要让学生前后关联思考故事，由表及里审视故事，尤其要抓住故事本身的矛盾处、学生的兴趣点，深入思考。比如"秃鹤"，为什么先是竭尽全力在会操时捣乱，砸自己学校的牌子，后来又非常努力地在文艺会演中为自己的学校争得荣誉？让学生明白"每一个人的内心深处都渴望得到他人的尊重"。可以说，推进课是整本书"全阅读""深阅读"的引擎。

（三）交流课

交流课原则上是在全体学生阅读完以后进行，主要是成果的呈现，旨在扩大收获的面，弥补个体阅读所不能见的，为后续阅读助力。交流主体力求多元，学生、老师、家长，只要合适都可以参加。交流的形式应该丰富：可以是个体的，也可以是群体性的；可以是室内的，也可以是室外的；读、写、说、演、念、唱均可。交流课要做好"承接""补全""提升""导引"八字文章。

"承接"指"交流课"要和"推进课"接轨。在某种程度上可以说，交流课是推进课的顺延，是对推进课推进效果的检测与反馈。

"补全"的"全"不可能是真全，是相对而言的，因为"一千个读者就有一千个哈姆雷特"，同一个人不同年龄所读所悟有不同。可以是同伴补、老师补、家长补，借助多种形式的交流补，但要讲究智慧，不要生搬硬扯。比如，有的老师让学生呈现手抄报，手抄报缺乏主题、随性，学生简单评价了事。这样的评价起不到很大的"补"的作用。原因一，好与不好是一个模糊的概念，没有参照，不做比较，评不到实处。原因二，没有思维和体验的参与，缺乏自己的见地，没有评说的资本。如果确定主题，明确要求，先让学生个体完成，后在小组或班级里进行比对、交流讨论，形成小组或班级手抄报，效果就不一样了。

"提升"就是在学生原有认知水平上往高处再走一走。要在正向激励中引导提升。交流课特别要关注平时阅读力欠缺、阅读态度不太好的学生，要发现他们的进步，精心捕捉他们的"闪光点"，用它点燃阅读热情，切忌一刀切看学生、评学生。小学阶段阅读的最高要义是把书读起来。有一个同学在阅读《西游记》时，作了这样的批注：金箍棒和紧箍咒都是孙悟空的宝贝，金箍棒长他的本事，紧箍咒管他的猴性，使他少犯错误，最后他成功了，成了斗战胜佛。这是一位阅读力较弱孩子的发现式批注。老师特意隐去姓名，用赞赏的表情和语气将其在班上大声宣读，大力表扬这是一个爱思考、会发现的孩子，并让同学们猜猜他是谁。同学们习惯性地往学优生上猜，同学们猜了一轮没猜着，老师郑重揭晓答案，全班顿时响起热烈的掌声，那孩子备受鼓舞。因为老师一次次的智慧引领，这个孩子真正爱上了阅读。

"导引"。这里的导引，一是指由一本牵引多本，二是指每一次都引向孩子的自觉阅读、自能阅读。一本导向多本。做法之一，正向牵引。如，读了凡尔纳的《地心游记》，可以读读他的其他科幻小说，或其他作者的科幻小说；读了《格林童话》，读读其他的童话书。做法之二，侧向牵引。如，读了《地心游记》，对接里面的知识点，推荐阅读其他不同文体的书。关于地震，可以引导读《自然探秘》《儿童百问百答》《灾难逃生》……再如，读了《格林童话》，可以读读寓言故事书和神话故事书，感受三种故事体裁的不同风格。做法之三，逆向牵引，根据所读书中的某些观点、态度、情感，进行逆向牵引阅读其他书籍。

"教是为了不教"，理想的整本书阅读状态是"学生自觉阅读、自能阅读"。交流课不要仅仅局限于一本书所得，要放大视野，立足长远，为孩子的终生阅读助力。倡导亲子阅读，建立班级阅读群，加强与家长联系，对于每一本书阅读时学生呈现的良好习惯、状态，要毫不吝啬地表扬，可以设定相关的评价机制，学生、老师、家长多主体评价。尤其要注意培养学生建构文本意义的意识和能力，让学生在建构文本意义的过程中去发现文学作品的多姿多彩，让学生在引发兴趣的同时又提升了能力，并获得成功的喜悦。长此以往，书本便能成为学生精神的栖息地，阅读便能成为学生心灵深处的自我呼唤。

一位老师在学生阅读完《格林童话》之后，推荐阅读《安徒生童话》。他对学生说："《格林童话》带我们走进了童话王国，我们继续童话之旅，一起走进《安徒生童话》。"我跟这位老师交流："是的，都是童话，但它们不一样，《格林童话》主要由民间故事整理而成，《安徒生童话》是安徒生自己创作的童话，从语言到结构，从素材到情感的表达都有不同，要引导学生去发现、交流，这样，才更能让学生感受到作品的个性风格，更能培养学生的阅读力，利于学生自觉自愿地阅读。"

三、持之以恒，久久为功

课程专家吴忠豪教授强调："阅读一定要有持久性和持续性，不可以想读就读，不想读就不读。每天要有固定的阅读时间，这样才能形成习惯和能力。"阅读是慢功夫，培养兴趣、养成习惯、形成能力均要假以较长时日，因此，整本书的阅读一定要有长期的规划、大量的有效阅读实践。

（一）保证有书可读，有适合的书可读，有优质的书可读小学阶段一定要有六年一贯的晋级性的书单推荐给不同年级的学生。为了不同学生的需求，也为了成长的需要，书单要精心选择，科学的、人文的、文学的、自然的，国内的、国外的，都要兼顾。

（二）保证有一定的时间阅读

要营造良好的读书氛围，老师、家长都读起来，让孩子真切感受到阅读是生活和学习应该有的姿态，愿意挤时间利用零散时间阅读，愿意利用节假日阅读，读出自己的姿态和兴趣。为了方便孩子阅读，要建好图书角，打造好阅读教室。还可以组织阅读小组，开展自觉阅读小组比赛，用比赛促进小组阅读，用小组促进个人阅读。还可以通过家长的督促，确保在家期间的阅读。

（三）加强成人的协助

著名的"钱伯斯阅读循环圈"表明，在儿童的阅读世界里，成人的协助不可或缺。有阅读能力的成人协助儿童阅读，儿童的阅读事半功倍。因此，要大力提倡师生共读、亲子共读，在共读的交流分享中促进孩子阅读。

（四）用可操作性的、相对稳定的方式促进孩子阅读习惯养成

全国著名推广阅读组织"一阅书院"的老师们通过班级阅读群，每天用听老师读、学生自己读，针对某个篇章说出自己的阅读所得、发表自己的见解的方式，让共读在每天、在每个学生身上真实发生。上海进才实验学校，每天抽签式确定学生进行课前5分钟的阅读讲演，促进学生每天进行阅读思考。著名阅读推广人高子阳老师，在高年段学生中实施的"3211"阅读法（每周读3本绘本、2本桥梁书、1本较厚的纯文字书，写1篇读书心得）可以借鉴。如果学生阅读力有差距，可以适当拉长阅读周期。

总而言之，整本书的阅读教学是一项长期、宏大、复杂、意义非凡的工程，必须引起高度重视。它更挑战教师的素质，需要教师有较高的综合素养，有较强的教学智慧。只有精进不怠，不断探索、实践与反思，才能借助整本书的阅读教学，不断在学生心中丰富和建构美好的文学作品形象，感受文学的魅力，在多样化的文学作品中得到美的熏陶和涵养，在发展思维、提升能力的同时爱上阅读。

整本书阅读要用上更为宏观、透彻的思维

　　《课标》强调："要培养学生广泛的阅读兴趣，扩大阅读面，增加阅读量，提倡少做题，多读书，读好书，读整本的书。"为更好地落实课标这一精神，统编新教材的编排体现了"课外阅读课程化"的理念，使课外阅读去边缘化，成了"正规军"。为了"课外阅读课程化"得以落实，新教材明确了"三位一体"的阅读教学策略，将精读、略读、课外阅读有机相融。精读课文也叫教读课文，注重在老师的指导下习得阅读的方法，略读课文是让学生尝试迁移运用精读课文所得的方法，课外阅读是对习得的阅读方法的运用进一步强化，并形成能力。

　　在实施"三位一体"教学的过程中发现，单篇的学习相对而言是点上的学习，而整本书的学习是立体型的学习，由单篇教学到整本书的学习跨度太大。因为单篇相对而言，语言形式、内容结构不复杂，涉及的人物不多，学生更容易懂，所运用的阅读方法可以不要那么繁杂。如果把一个单篇比作一棵树的话，那么整本书就如一片林子。看清一片林子比看清一棵树难多了。如何引导学生读好整本书？除了注意精读课文，教学要引领学生习得方法，并鼓励其迁移运用外，当指导学生具体阅读某本书时，还要理性地思考：这本书的阅读，学生的"沟""坎""陡坡"在哪？是什么？可以为学生提供怎样的"支架"？如何让"支架"走进学生的阅读中，让学生整本书的阅读真实有效地发生？实践证明，阅读整本书要用上更为宏阔、透彻的思维，要前后勾连、由表及里地阅读。

　　《草房子》是著名儿童文学作家曹文轩老师的经典之作，小说中有五十多个人物，但主要人物是"桑桑""秃鹤""杜小康""细马""纸月""蒋一轮老师""白雀"等等。有不少学生对"秃鹤"这个角色感兴趣。有一次我听一位老师执教整本书阅读的推进课，用的就是《草房子》。在交流对小说中人物的看法时，教师发现很多学生对"秃鹤"这个人物感兴趣，因此就集中一个时段，来交流对"秃鹤"的看法，老师强调要根据小说中的故事来评判人物的特点和品性。有的同学说，秃鹤很糟糕，做操的时候尽捣蛋，害得学校失去了荣誉。有的同学

说，秃鹤太调皮了，把屠夫丁四的肉往地上扔，不给摸头就算了，何必扔掉人家的肉呢？有的同学说，秃鹤太小气了，人家摸他的头一下，还要用东西交换。有的同学说，秃鹤很怪，一边毁坏学校的荣誉，一边又拼命为学校争荣誉……当学生说到秃鹤做操捣乱时，教师还调取了相关的电影镜头给孩子们观看，孩子们看得乐不可支，笑声喧天。课堂表现可以看出学生们肯定看了《草房子》，看了关于秃鹤的故事，否则就不可能有这么多的说法和看法。但学生缺乏宏观和理性的思考，他们对长篇小说的阅读也就停留在单篇阅读模式——点的阅读上。

曹文轩老师的文字是很雅的，每一个都像用清水洗过似的，清清亮亮，但秃鹤明明有名字——陆鹤，为什么作者偏偏要揭人家的身体之短，在小说中从头至尾称其为"秃鹤"呢？这和他的文风不合呀！原来"秃头"是陆鹤系列故事的诱因，也就是说，关于秃鹤的故事，不是单列的、一个个散状的，从外显来看，都和他的"秃头"有关，内隐的是"秃头"引发的秃鹤的心理变化——关于尊严的心理变化，随着心理的变化，他的心情、行为随之改变。

起初，秃鹤因为年纪小，对自己的秃头不在意，不会感觉到头秃是一种身体的缺陷，谁摸都无所谓。年纪渐长，尊严的意识也渐长，因此不能任由别人随便摸自己的头了，得让他人付出点"代价"。三年级以后，他特别在乎自己的头了，谁也不能摸，即便像丁四那样用大块漂亮的、很诱人的肉来换，也不让摸。老师不让自己参加会操，他抗议，强烈要求参加，老师不让他去，就是因为他那光秃秃的头，勉强答应让他参与的前提是得戴上帽子。秃鹤自尊心严重受损，因此他以会操时不恰当的方式"报复"，告诉同学和老师要维护他的尊严，结果适得其反。后来他意识到了要用正当的方式维护自己的尊严，因此，文艺演出尽心尽力地为学校争得荣誉。由此可见，作者曹文轩老师是通过故事揭示关于人的成长、尊严、相处的一些规律，揭示生命的本质。个人认为曹文轩老师还是一位出色的儿童哲学家，用儿童文学，用一个一个学生喜爱的故事与人物去蕴藉哲理，深入浅出地让孩子在欣欣然的阅读中，得到精神的升华。

总而言之，整本书的阅读比较单篇阅读，学生会觉得难度较大，但我们不能因噎废食。曹文轩老师说："一个孩子必须阅读较大规模的作品，随着年龄的增长越是如此，因为大规模的作品在结构上跟短篇的作品不一样。短篇作品，培养的是一种精巧、单纯的思维方式，而长篇作品培养的是一种宏阔、复杂的思维方式。"我们要做的是，思考整本书阅读的现状和出路，努力成为有智慧、有协助能力的老师，协助学生把整本书读好。

第三辑／口语交际教学

如何培养学生的口语交际能力

《课标》指出"语文是人类最重要的交际工具"。当今社会，全球一体化，人类成了命运共同体，口语交际能力的重要性日益凸显，毋庸置疑成为每个公民最为关键的能力和必备品格。人们口语交际能力的强弱，直接关涉到国家、民族和个人的生存发展状态。由此可见，学生口语交际能力的培养是语文教学至关重要的内容，应该引起高度重视。教学本应"与时俱进"，但是，当下的口语交际教学处于边缘状态，个人、学校、教研部门大都不重视，很少关于它的专题性、持续性的研究；能够将口语交际教学课程化、常态化的老师和学校，可谓凤毛麟角。加强口语交际教学的研究，可以说迫在眉睫，任重道远。我们要根据口语交际的性质，针对教学中存在的问题和学生的现状，优化和完善口语交际教学。那么，如何有效培养学生的口语交际能力呢？

一、激发兴趣，让学生想说

"趣"为先导，"效"为根本，有了兴趣才有学习的内驱力，才可能赢来学习的高效。我们要创造机会，拓宽渠道，激发学生口语交际的兴趣，强化他们的口语交际意识，精进不怠、聚沙成塔地提升他们的口语交际的能力，使他们能自觉主动地，在学习生活的真实情境中进行口语交际实践。我们还可以择机为学生创设口语交际情境，拓展交际的时空。

（一）以活动创设情境

小学生生性活泼，争强好胜，爱参加活动，尤其喜欢参加竞赛性活动。在活动过程中，他们全身心地投入，精神振奋，神采飞扬。要抓住小学生这一心理特点，多开展一些活动。比如可以开展"讲名字里的故事"的活动。可以讲自己名字里的故事，也可以讲自己感兴趣的其他人名字的故事。在调查了解名字里的故事的过程中，让学生与名字的主人公、与名字主人公相关的人员进行交流表达。

统编教材五年级上册第三单元是"民间故事"单元。"民间故事"好听易传，深受学生喜爱，可以顺势而为，开展创造性讲民间故事的比赛。用曲折动人、充满奇幻色彩的民间故事吸引学生，激活学生的思维，广开学生的言路，并设计好比赛的评价量表，参照评价量表进行评价，用评价促进学生交流。还可以开展"美食介绍大比拼"比赛活动，在讲一讲、问一问、思一思、辨一辨、辩一辩中激发兴趣，强化交流，提升表达能力。

（二）表演课本剧创设情境

统编教材里有好多故事性强、角色分明的课文，比如童话、寓言、民间故事、历史故事等等，老师可以充分发挥它们的优势，组织开展课本剧表演。可以在表演前，先进行文本重组，将课文改编成适合演出的"脚本"，甚至可以重组桥段，变身成"剧本"。改编、重组的任务师生共同完成。重组过程的交流讨论就是口语交际实践的过程。然后组织学生进行表演。先小组合作交流如何演好，并在小组内演一演，这又是一个任务驱动下的口语交际实践过程。接着是评价，引导学生"依纲据本"，立足人物的形象特点进行评价，又一次促进学生的思维，提升学生交互性表达的能力。

（三）利用多媒体创设情境

"新媒体 新技术 新课堂"，信息技术与学科教学的深度融合是必然趋势。多媒体技术集文字、声音、动画于一体，能多角度地、立体化地、兼具视听效果地再现课文情境，引人入胜，能激发学生说的欲望。如《搭船的鸟》一文的教学，可以先让学生充分地读，在学生对文本有一定的理解感知基础上，老师利用视频，生动、清晰地呈现翠鸟形貌以及它捕鱼时连贯的动作，然后让学生依据课文表达，充分展开想象，交流交流自己眼中、心中的鸟……

二、创设宽松环境，让学生敢说

有的老师受师道尊严的影响，课堂上常常不苟言笑，甚至板着面孔，似乎不这样便不能为师似的。面对居高临下的老师，学生战战兢兢，小心翼翼，正襟危坐，唯恐越老师意识和愿望的雷池一步，心理自然是压抑的，哪敢"放肆"地表达？因此，创设良好宽松的环境，让学生在民主、自由、平等、愉悦的环境中学习，是实施好口语交际教学的前提保障。老师要蹲下身与学生交流，沉下心为学生点拨，充分尊重学生、关爱学生、宽容学生，使学生能放心大胆地畅所欲言。对于能力欠缺、自信缺乏者，老师要设法燃起他们的兴趣，树立他们的信心，用不同的尺度衡量和评价学生。评价要灵活方法、维度多样，重在激励学生在各自的起点上得到有效成长。要正视学生之间的个体差异性，尊重呵护每一个学生的成长。对说得差的，不嘲讽，不冷漠以待，反而更要耐心引导。对说得好的，要有针对性地表扬，同时，提出指向明确的更高要求。

三、指导方法，让学生会说

行事讲究方法则事半功倍，否则事倍功半，甚至徒劳无功。就像打羽毛球，新手憋足了劲也没见球远到哪里去，或者说质量高到哪里去；老手或高手打球，就显得轻盈，你没感觉他们发了多大的力，球却真真实实地飞得又高又远……《课标》对口语交际教学提出"应培养学生倾听、表达和应对的能力，使学生具有文明和谐地进行人际交流的素养"。口语交际是听与说双向真实互动的过程，尽量在具体真实的情境中进行，注意语言表达的同时，也要注重学生的人文修养。

1. 学会应对

首先要培养学生的倾听能力。逐字逐字用心听，听懂对方要表达的真实意思，然后根据对方的意思进行理性思考，有针对性地做出回应。同时，还要认真观察言语环境，看除了要应对话语本身，是否还有其他的因素需要应对。

有一次，一个老师以"学会交朋友"为话题组织学生进行口语交际教学。有一个学生说："老师，交朋友很重要，我们班的XXX不会交朋友，我就不喜欢他。"另外一个同学附和着，连说了三个"是"。这时，老师应该注意，这里应对的，不应该是这几句话本身，更要应对话语对XXX孩子以及全班同学的负面影响。这位老师很有教育方法，"轻拢慢捻抹复挑"之后，这位学生与XXX学生真诚地进行了第二次对话，进行了有效沟通，对XXX学生起到了很好的引领作用。

2.学会表达

能够应对情境，用得体的话语进行表达；知道说话要分场合，看对象；能够有序地说，能根据说话的内容，选择恰当的表达顺序进行表达；能好好用道理说话，尤其是些观点性的话题，一定要以理服人，有层次地把道理说清楚、说明白；应该融情于言，带着生命的热度，学会把自己的感情准确地传达给他人，以情动人。

四、创造机会，让学生多说

"不积跬步，无以至千里；不积细流，无以成江河。"口语交际能力的培养要积沙成塔，集腋成裘。因此，教学中要多给学生提供口语交际的机会，学校家庭要交流表达。课堂上，老师要有意渗透口语交际的意识和行为。一些关键的、重点的、难点的内容，可以开展生生互动、师生互动的合作学习。还可以开展一些学生喜闻乐见的活动。如演讲比赛、讲故事比赛、专题辩论比赛、新闻报道活动等，还可以让学生当小记者，深入社会各阶层去采访，调查他们感兴趣的事情或问题等等。在家中，家长要摒弃家长制、一言堂，多关注孩子感兴趣的话题，多沟通，多交流。

现在是新媒体时代，资讯铺天盖地，学生的视野开阔，口语交际话题层出不穷，只要老师强化意识、落实行动，培养学生口语交际能力的有效途径还有很多很多。

第四辑／习作教学

引导学生学会观察

　　文章是生活的写照，是真情的流露。世界上没有两个相同的鼻子，更不要说两个相同的人了。学生的生活阅历、个性气质、语言风格、思想观点各不相同。按理，每个学生的文章应该是有个性的，为何学生的作文总是走不出一些思维的套路，难以突破思维的窠臼，缺乏个性与创新，同一话题的作文，结构、语言雷同的现象屡见不鲜？这和学生的观察能力有一定的关系。培养学生观察能力的方法有很多，这里列举的是经过实践验证、行之有效的几种方法，希望对大家有些许启示。

一、引导学生学会观察

　　学生作假文、假作文的原因固然很多，"巧妇难为无米之炊"应该是一个重要的原因。生活天天有，须臾未曾离开过学生，套用罗丹的话来说：学生并不缺少生活，而是缺少发现生活的眼睛。因为学生的熟视无睹，导致了学生习作"无米"。要解决学生习作素材少的问题，应从培养学生的观察习惯和观察能力做起。因此，《课标》指出：小学生应"养成留心观察周围事物的习惯，有意识地丰富自己的见闻，珍视个人的独特感受，积累习作素材"。

　　（一）在阅读感悟中学习观察

　　这里的"阅读"有两种指向：课文阅读、课外阅读。

　　1.在课文阅读中学习观察。统编新教材有一种新型单元——"习作单元"。"习作单元"由"单元导语""精读课文""交流平台""初试身手""习作例文""习作"六个板块构成有机统一的单元内容体系。"单元导语"指明单元习作训练项目；"精读课文"引导学生从阅读教学中学习表达方法；"习作例文"借助贴近学生的例文，巩固习作方法的掌握；"交流平台"归纳、梳理单元习作方法；"初试身手"鼓励学生尝试运用方法；"习作"是学生的实践，也是单元学习效果的检测。单元编排体现了阶梯形的习作训练，使学生的习作能力步步为营地得到有效提升。教学要以"单元统整""读写融合""以读促写"的教学思想，解码阅读课文中的习作要素，找准教学目标和教学视角，优化教学策略。

统编教材三年级下册第五单元就是专门引导学生学习观察的"习作单元"，语文要素是"体会作者是怎样留心观察周围的事物的；仔细观察，把观察所得写下来"。单元编排了两篇精读课文《搭船的鸟》《金色的草地》，习作例文《我家的小狗》《我爱故乡的杨梅》。单元习作题目是《我们眼中的缤纷世界》，单元习作的具体要求是"观察时要仔细一些；观察时不仅用眼睛看，用耳朵听，还可以用手摸，用鼻子闻，有时还可以尝一尝，观察时要注意事物的变化"。《搭船的鸟》中，因为作者留心观察，所以发现了"搭船的鸟"；因为作者仔细观察，所以欣赏到了翠鸟全身的羽毛的颜色，欣赏到了翠鸟红红嘴巴的可爱，还欣赏到了翠鸟抓鱼的一连串敏捷的动作。要让学生在仔细阅读中明白：仔细观察对事物就会有更深入细致的发现。《金色的草地》中，因为小主人公留心观察，所以发现窗外的"草地"一天中颜色会有变化；因为作者仔细观察，所以看清楚了早上、中午和晚上草地颜色变化的原因——蒲公英的花形在开合变化。在学生的仔细阅读中要让他们明白如何近距离仔细观察，如何观察事物的变化。再引导学生阅读习作例文《我家的小狗》《我爱故乡的杨梅》，进一步明白如何根据事物的特点，调动多种感官参与观察；如何观察好事物的变化。

统编教材中的不少课文是指导学生观察的典范之作。比如四年级上册第三单元，单元语文要素是"体会作者准确生动的表达，感受作者连续细致的观察；进行连续细致的观察，学写观察日记"，安排了《古诗三首》《爬山虎的脚》《蟋蟀的住宅》三篇课文，用于学生体会文章准确生动的表达，感受作者连续细致的观察。单元习作训练是"写观察日记"。老师要充分利用好"课文"这个例子，指导学生在阅读中悟得"什么叫连续细致的观察，如何进行连续细致的观察"。

2.在课外阅读中学习观察。小学语文新课程背景下，实施"课外阅读课程化"，学生的课外阅读起了变化。首先是阅读的品位提升了，教材和老师可以管控、引领好学生的课外阅读，可以根据需要向学生推荐优质的书目。统编教材对于学生观察能力的培养设置了专门的单元，安排了不少相关的习作训练，习作训练有单元大作文、课后小练笔等等，老师可以相机向学生推荐能有效培养学生观察能力的整本书。

（1）从绘本、桥梁书的图画中学习观察。从图文比例看，学生阅读的图书主要为绘本、桥梁书、纯文字书。可以让学生从绘本、桥梁书的图画中学习观察。经典绘本的插画师都是名画家，他们的插画是艺术的精品。可以引导学生按照一定的方法去观察：颜色、线条、图形、场景等全面观察；按照空间顺序观察；按从景物到人物或从人物到景物的顺序观察；按照先主后次的顺序观察；根据文字的提示选择性进行观察……边观察图，边关联前后相关文字与图画，思考图形结构背后的意蕴，感受画家的表达艺术。因为绘本、桥梁书的图和文字相辅相成、交相辉映，文字能帮助学生理解图，能启发学生观察的智慧，灵活学生观察的角度和方法，提升学生观察的品质。

（2）从文字表达中学会观察。整本书的写作几乎都会涉及人文环境和自然环境的描写，都涉及了观察的问题，而且为了表达的需要，都择用了非常恰当的观察策略，观察与表达相互促进、有机相融。比如曹文轩的《青铜葵花》中很多描写风景的片段，如"草是潮湿的，花是潮湿的，风车是潮湿的，房屋是潮湿的，牛是潮湿的，鸟是潮湿的……世界万物都还是潮湿的"，观察和表达都聚焦于"潮湿"，七个"潮湿"并非用语重复，而是强调"世界万物都还是潮湿的"。这种"潮湿"也是葵花稍显阴郁的生活背景，阅读这样的文字可以真正让学生悟得"一切景语皆情语"，有时要根据自己表达的需要去选择观察的对象。再如"太阳照着大河，水面上有无数的金点闪着光芒。这些光芒，随着水波的起伏，忽生忽灭。两岸的芦苇，随着天空云彩的移动，一会被阳光普照，一会又被云彩的阴影遮住。云朵或大或小，或远或近，有时完全遮蔽了太阳，一时间，天色暗淡，大河上的光芒一下全都熄灭了，就只有蓝汪汪的一片，但又不能长久地遮住，云去日出，那光芒似乎更加的明亮与锐利，刺得人眼睛不能完全睁开。有些云朵只遮住太阳的一角，芦苇丛就亮一片，暗一片，亮的一片，绿得翠生生的，而暗的一片，就是墨绿，远处的几乎成了黑色。云、阳光、水与一望无际的芦苇，无穷无尽地变幻着，将葵花迷得定定的"，这是葵花眼中大河的风景，读着读着，就有一种身临其境的感觉。为什么会有这样的效果？因为注意了细节描写，注意了对景物进行有层次的描写，最后落在了"将葵花迷得定定的"。学生阅读这个片段能真切感受到什么叫有层次的表达，什么叫作细节描写；意会到什么叫作"人中有景，景中有人，天人合一"。这些，自然会迁移运用在学生的观察与表达中。学生在长期的课外阅读中，如果能关注作品中的观察表达，定然能久久为功，形成较强的观察能力。

（二）在常态生活中学习观察

老师们都知道要让学生热爱生活，观察生活，做生活的有心人，但落实起来很困难。很多时候，或者说是对于相当一部分学生来说，老师说破嘴皮、讲破喉咙也无济于事。是不是学生都"不亲其师，不信其道"呢？这种因素不能完全排除，但更多的是，怎么叫"会在生活中观察"？什么叫作"生活的有心人"？就像摄像师给我们照相时叫我们"目光看高点，眼睛往左边看"一样，到底"高"多少？"左"多少？没有定数，不好把握。摄影师用"叫顾客向几点方向看"的方式解决了问题。那我们是否也可以给予学生有效的支撑，使学生在生活中学会如何具体观察呢？有老师建议说，写日记。这是一个办法，但学生的日记往往记流水账似的，内容空洞，语言枯涩，学生写得乏味，觉得写日记是苦差事，老师看得味同嚼蜡，难免心生怨气，忍不住就会斥责学生。如何让观察成为学生的自觉行为，让日记成为学生的观察所需？这个课题摆在我们全体语文老师面前很久了，我们不能只是焦虑，重要的是要"智慧出击，有效破解"。

1.发现不一样的"标志"。无论农村还是城市，只要有生活的地方就有"标志"。先让学生独立发现，观察"标志"——将"标志"画下来或拍摄下来——记录每种"标志"出现在什么地方或者说是什么场所——思考并记录它们各自的含义和作用——分类，写出分类依据——用思维导图、表格或纯文字，把自己的观察、思考、发现整合在一起，有层次地、合乎逻辑地呈现出来。在学生独学的前提下，用学生喜闻乐见的形式合作交流，互助共进。老师要正视学情差异，保护好每一个学生的积极性，重点关注态度，表扬细心观察、认真思考的学生，多鼓励、激励学生，营造良好的比、赶、超的学习氛围，利用皮格马利翁效应给予全体学生正向积极的引领。

2.借助"标志"发现人生百态和社会万象。"标志"是人文关怀的具体表现。"标志"种类繁多：垃圾分类标志、常见交通标志和其他标志……垃圾分类标志又有"厨余垃圾"标志、"可回收物垃圾"标志、"其他垃圾"标志、"有害垃圾"标志；常见交通标志又包含警告标志、禁令标志、指示标志。这些标志是用来管理人、约束人或服务人的，在这些标志面前，人们会有不同的表现，老师可以引导学生去观察，去记录，去表达自己的观点。尤其要引导学生观察每天和群体大众息息相关的标志：看看这些标志跟生活的关联度到底有多紧密；看看在其面前，人们的表现有什么不一样。鼓励学生带上思想、融入情感去观察。"物有本末""事有始终"，还要着眼学生的终身发展，引导他们学习全面而深刻地分析问题的方法。比如，红绿灯和出行的每一个生命都密切关联，大部分人自觉遵守，也有一些人就当红绿灯根本不存在似的，大家在静等绿灯时，一路呼啸闯红灯。因为有些人无视交通规则，便导致了交通事故的发生……这些都可以让学生去观察、发现、表达。再如，公共场所有"禁止吸烟"的标志，人们大都遵守，但也有不管不顾、光明正大吸的，还有遮遮掩掩偷着吸的，这也是观察表达的素材。

3.发现同样的家务劳动不一样的姿态。学生大部分时间在学校或家里。接触最多的就是家人、同学和老师。家务劳动哪家都离不开，每一个学生都不陌生。"就家取材"来观察切实可行，利于在常态的观察中形成习惯和能力。为了防止观察不细致，可以观察同一种家务劳动，同一个人在不同的精力、心情状态下不一样的表现。同一样家务，不同的人做有不同的情形，把观察所得记录下来。有一位二年级的学生用这种方法观察，写成了下面的日记：

2019 年 11 月 16 日 星期六 晴

今天中午妈妈正洗碗，一个阿姨有要紧事，来电话把妈妈叫走了。妈妈叫爸爸接着把碗洗完。爸爸可是很少洗碗的。妈妈洗碗动作很优美，看起来很轻松的样子。爸爸洗碗老是不停发出碗碰碗的声音，"啪"一声响，碗碎一地。

2019 年 11 月 17 日 星期日 晴

昨天爸爸洗碗打了碗，妈妈说他"技艺"不精，应该多洗，熟练了就不会把碗打了。妈妈说得有道理，爸爸只好服从。爸爸洗碗，妈妈站旁边，妈妈说水开大了，动作慢了，浪费水。爸爸只有关小些水，加快动作洗，因为动作太快，没有用力擦碗，妈妈又批他了……

2019 年 11 月 18 日 星期一 多云

吃好饭，爸爸猜妈妈又会抓他洗碗，又要听她唠叨，爸爸讲有事，想赶紧溜。妈妈说："天塌不下来，洗几个碗不消多少时间，我来收拾桌面，你洗碗。"爸爸洗碗时，时不时用眼瞟瞟妈妈，还向妈妈撇撇嘴，扮鬼脸，真担心他又把碗打掉，又得挨批。

……

后面还写了自己怎么洗碗，有一次妈妈心情不太好时洗碗的样子，等等。当然还写了干其他家务活的情况。这位学生渐渐地在平凡的生活中发现了不平凡，也渐渐地觉得作文不难写了。他在一篇习作中写道："锅碗瓢盆，就在我们的生活中，它虽然那么平凡，但是能奏出交响乐，能呈上色彩斑斓的诗意。作文在哪里？就在锅碗瓢盆这么平凡的生活里。"

二、用问题驱动学生在自然中观察

通过一篇篇课文的学习、相关的"习作单元"教学，以及"学写观察日记"的专项训练，学生会掌握越来越多观察自然的方法：看、听、闻、触、尝、思，调动多元感官参与观察；抓住特点由表及里观察，透过现象看本质；突出重点进行细致、全面、深入的观察；注意观察对象的变化，进行连续性观察……"作文"是件知易行难的事，如何"知行合一"出成效？策略和方法固然很多，"用问题驱动，引发学生探究的欲望，使学生主动探究，自主观察"不失为一种好办法。比如常说"秋风扫落叶"，秋风中哪些树会纷纷落叶？哪些树越过冬天才落叶？常绿树木是不是不落叶？如果落，什么时候落，怎么落的？又如"霜叶红于二月花"，还有哪些树的叶子像枫树的叶子一样霜打之后逐渐褪去绿色，最后成了深红？其他不耐寒会变颜色的树叶，是怎么变化颜色的？再如，花草树木哪些喜阳，哪些喜阴？为什么柳树的枝条总是向水而长？……自然界里的每一声声响、每一片叶子、每一片花瓣、每一滴水滴、每一颗谷粒、每一缕阳光、每一副身躯、每一个季节都蕴藏着奥妙，只要引导得力，学生就能在一个个问题的引领下，兴趣盎然地观察、发现，探索自然。

三、在对比发现中，解码表达特色，洞悉观察奥秘

同样的观察对象，每个人的观察角度不一样，根据表达的需要，有的可能是宏观的全局观察，有的可能是局部精细观察。同一观察对象的局部观察，各自取用不一样，观察的方式也会不同，甚至迥异。自然万物各行其道，各美其美，人们对自然的感悟也是有个性的。

（一）在经典名著的比对中学习观察。文学名著浩如烟海，自然中的很多景物都会在不同的作品中出现，我们可以让学生在比对中发现观察的秘妙。比如，同样是梅花，宋朝的陆游、朱淑真写了，近现代的毛泽东写了。我们将毛泽东和陆游的《卜算子·咏梅》放在一起，让学生去对比赏析、感悟发现。

卜算子·咏梅

毛 泽 东

风雨送春归，

飞雪迎春到。

已是悬崖百丈冰，

犹有花枝俏。

俏也不争春，

只把春来报。

待到山花烂漫时，

她在丛中笑。

卜算子·咏梅

【宋】陆 游

驿外断桥边，

寂寞开无主。

已是黄昏独自愁，

更著风和雨。

无意苦争春，

一任群芳妒。

零落成泥碾作尘，

只有香如故。

陆游是从梅的凄苦与高洁这两方面进行观察表达的。咏梅的凄苦，表达自己的失意坎坷，排解心中的抑郁之气；赞梅的精神，用以表达无悔的信念和高洁的人格。

毛泽东借咏梅言志，写梅花的美丽、积极、坚贞，不写梅花的愁而写梅花傲视一切的灿烂的笑。他的词借用陆游的原调原题，但观察角度迥异，一扫阴郁之气，清清朗朗，意境开阔昂扬。

让学生在反复的朗读、比对、赏析中明白：观察是要融入人的思想感情的，同一事物，表达的目的不同，观察的内容、角度、方法也是不同的。

（二）在同伴的习作比对中学习观察。

有两位同班同学写了同一位老师，请看：

一位好老师

课堂上，小朋友们认真地听老师讲课，只有小军低着头偷偷玩着手中的水杯。不知什么时候，老师悄悄走到小军身边，说："这是你妈妈买的水杯吗？"小军点点头，紧张极了。老师问："我能看看吗？"小军不情愿地把杯子递给老师。老师拿着杯子走向讲台，对着全班的小朋友说了杯子里藏着的形状，还和同学们一起笑了，原本紧张的同学们一点也不紧张了。我喜欢我的老师。

我的数学老师

他是我们班的数学老师，同学们都特别喜欢他。

"叮铃铃"，上课铃响了，同学们坐得端端正正的，等着老师来上课。只有刘峰还拿着一个杯子在玩。老师发现了，立刻板起了脸，沉下声音说："上课了，还玩，没收！"说完他拿起杯子，走上了讲台。同学们又惊讶又害怕，老师可从来没发过这么大的脾气呀！谁知，他眼睛环视了一下四周，举起杯子，突然微笑着说："下面请大家好好观察老师手上的杯子，说说看，杯子里藏着哪些形状？"话音刚落，同学们长长松了一口气，紧张的心情一下子消失了。大家都笑了起来，老师也呵呵地笑了，笑声飞出了教室，飞向了天空……

这就是我们风趣幽默的数学老师。

通过对比分析，学生就能从文中感受到怎么突出人物的特点进行细致观察与表达。

引导学生观察是一门教学艺术，需要大家不断在实践中探索、反思。观察最高的要义就是坚持；在真实的生活和真实的自我中观察、思考、发现、记录；观察的对象可以灵活选择，观察的方法也是灵活的。

小学生作文虚假现象的应对策略

《课标》明确指出，作文的性质就是练习把自己看到的、听到的、想到的内容或亲身经历的事情，用恰当的语言文字表达出来。小学生作文是童心、童言、童趣的展示。然而，现如今小学生作文却存在着严重的虚假现象：编造事实、虚情假意、矫情做作；刻意拔高、曲意讨巧；套话连篇、似懂非懂；联想牵强、想象生硬；言过其实、夸大作用；照搬照抄、完全拿来……古语云"文如其人"，虚假作文不仅会影响学生作文能力的培养，更严重的是，可能会扭曲学生的人格与品性，所以，应该直面学生虚假作文现象，积极应对，构建学生原生态作文。

一、打通作文与生活、阅读的通道

"问渠哪得清如许，为有源头活水来"，生活是写作的源泉，离开生活的作文教学犹如无源之水。因此，我们要把生活与作文结合起来，将一个活生生的世界，化作源源不断的信息，输入到学生的头脑中来，再将这些信息进行加工处理，最后汩汩地流泻而出。阅读，则是生活与作文"沟通"的桥梁，为作文提供了一种借鉴。因此，打通作文与生活、阅读的通道，是有效培养学生作文能力，减少作文虚假现象的有效途径。

（一）打通作文与生活的通道

作文源于生活，是对生活的写照和思考。《课标》明确指出："写作教学应贴近学生实际，让学生易于动笔，乐于表达，应引导学生关注现实，热爱生活，表达真情实感。"只有学生的生活丰富了，学生作文的思维、个性、灵性才有培植的沃土。现在有的家长，尤其是城里的家长望子成龙，望女成凤，孩子的课余时间几乎都被加塞到这样那样的兴趣班、提高班、辅导班了，生活的空间变得十分狭隘。这就大大制约了选材的空间。作文素材的不丰富，是产生学生作文虚假现象的原因之一。因此，应尽量拓展学生生活积累的时空，让学生突破课堂的制约，关注学校、关注家庭生活，走进社会，走向大自然。教师要通过各种途径，丰富学生的学校生活。可以组织学生开展灵活多样的、学生喜闻乐见的活动。如：读书活动、语文综合性学习活动、观察活动、演讲活动、书法活动、文体活动、朗读比赛活动、操作实验活动、科技创新活动等等。同时，教师还要引导学生关注校园中新鲜的人、事、景、物；留心家庭生活中的人、事、景、物，并积极参与家务活动，做家中的小主人，用心经历和体验家庭中的喜、怒、哀、乐。教师还可以组织学生深入厂矿企业、机关事业单位、公共场合进行参观、访问、调查。要带领学生融入大自然，感受季节特点，感受地域风情，感受高山的险峻与小丘的柔美，感受江河湖海的澎湃，感受涓涓细流的低吟浅唱，感受鸟语花香的纯美，感受森林的繁茂，感受草原的广袤无垠……将心融入自然的万千景象中。总之，习作以活动为载体，更能引领学生做社会与自然的主人。

学生缺乏作文的素材，很多情况下不是缺乏生活，而是缺乏对生活的观察和体验。教师要引领学生用敏锐的眼睛和热爱生活的心去观察，引领学生用多种感官共同参与观察，做到眼、脑、手、嘴、耳、鼻并用，从不同的方面了解事物的属性，真实地、全面地、细腻地认识事物，在头脑中形成活生生的形象，使学生获得对事物多方面特征的深刻认识和感悟，写出真实、具体的文章。作文不是生活的点缀，而是生活的必需。在作文教学中，我们应从生活入手，采用多种方式和手段，努力实践"学生为本，兴趣为导，实践为重，实效为要"的教学理念，让学生切身感受到"生活处处是作文"！

(二)打通作文与阅读的通道

学生作文虚假现象，在一定程度上是由于对表达技巧运用不熟练造成的。阅读利于习得表达技巧。叶圣陶先生在《论写作教学》中说："阅读与写作，吸收和表达，一个是进，从外到内，一个是出，从内到外………阅读得其方，写作能力亦随之增长。"著名的特级教师斯霞也说过："阅读为写作提供了知识和技能。"阅读可以开阔眼界、增长知识、积累妙词佳句、增加写作的素材，可以从文章的思路、体裁以及思想感情的表达中，让读者领悟写作的要义。要保证足够的时间与空间，多让学生阅读一些符合他们阅读心理，能提升他们阅读兴趣的经典儿童名著，如《三毛流浪记》《小布头奇遇记》《草房子》《安徒生童话》《鲁滨逊漂流记》《魔法师的帽子》《窗边的小豆豆》《爱的教育》《上下五千年》《大地的儿子》等。在学生阅读的过程中教师要引领、点拨学生习得写作的知识和技能，并打通阅读和作文之间的渠道，让学生把在阅读过程中习得的写作知识与技能迁移运用到自己的作文中去。教师要有意识地引导学生通过对文本标题的分析，提高学生的作文审题能力和作文判断能力，帮助学生掌握一些基本的命题形式。许多学生在自己的作文中选用的事件不够典型，甚至不着边际，更不知道怎样从侧面去烘托，致使内容单调、情节简单、中心不突出，甚至不明确。要有意识地引领学生归纳文章的主旨，并根据文章的主旨辨析所选材料的典型性。很多学生在作文的过程中，对于先写什么后写什么，哪些详写哪些略写，要表现什么，一片茫然。教师要有意识地通过对所阅读文章的思路的理解，提高学生布局谋篇的能力。语言表达能力的问题是学生作文的一大问题，主要表现在语言不规范且贫乏，语感不强，思维与语言的转换困难，等等。教师要有意识地通过读、析、记、写，提高学生的语言表达能力。

如果在学生阅读过程中时时不忘"经营"学生的作文能力，学生的作文能力便能得到有效提高。一旦能力提高了，学生就会乐于表达，就能随心表达，做到抒真情表真意。

二、从内容入手进行作文指导

"怕写作文"是普遍存在的学生心理。如果作文指导从形式入手，那么学生在写作文之前就将面对一大堆这样那样的要求。有相当一部分学生本就怕作文，面对一大堆作文要求，无异于泰山压顶。对作文的兴趣、信心就会像秋风扫落叶、霜打茄子般受到摧残。受到了形式的约束，学生的作文思维也不可能和着个性、灵性在广袤的生活、语言、情感的土壤中自由驰骋，自然会滋生出虚假作文。

"指导学生作文，要从内容入手"，它不仅体现了内容与形式统一的基本观点，而且体现了教书育人的教学思想，也符合学生作文的心理规律。首先，打通作文与生活、阅读的通道，丰富学生的作文素材，培养学生自主表达的能力，是从内容入手指导学生作文的有效策略。学生有材料可写，便能随心所欲地表情达意。其次，先说后写也是从内容入手指导学生作文的有效策略。文字是表达思想的符号，"说"是内部语言转化为书面语言的桥梁，只有想得清楚，才能说得明白，写出来才清楚。先让学生说，把生活中的人和事搬到课堂里进行讲述、分析、讨论。这样，不仅能丰富学生的知识，开拓学生的视野，帮助学生克服没有材料可写的困难，而且有利于提高学生分析事物的能力和表达能力。在学生说的过程中，教师要注意抓住典型，捕捉亮点，相机引领落实作文要求。作文前不要用范例和形式框死学生，先让学生广开言路，写自己想写的内容，尽量为学生提供自主倾吐、自由表达的时机。

命题作文是种传统的训练形式，有着不可忽视的存在价值，但命题作文往往会束缚学生的思维，限制学生的表达，不利于学生写自己想写的内容。所以，教学命题作文时尽量不要让题目束缚学生的表达空间，而应尽量让学生从狭隘单一的命题作文藩篱中解脱出来，做到作文体裁多元化、表现体例多样化、语言表达个性化。常让学生写放胆文，给学生支撑广阔的个性作文空间，让学生畅快地抒真情，表真意。

三、作文评价，重在求真

有位大学生这样回忆小学时作文的感觉："小学时写作文，总摆脱不了'助人为乐'一类的大口号。作为天真烂漫的孩子，我只知道套用一些口号会得高分，却根本不懂这些口号背后真正的含义是什么。作文只是一种陈旧的套路，根本不给孩子们'童言无忌'的机会……"这种不关注真实性的作文评价至今依然普遍存在。作文评价不倡导求真，不给童言无忌以机会，势必产生虚假作文。语言大师叶圣陶提出："写真经历、真体会、真感受，这是解决写什么的最好办法。无论谈话或写文章，最要紧的是拿出自己的真实东西来。"作文评价应该重在倡导学生"求真"，做到"写出诚实的话，非由衷之言不发，非真情实感不写"。在作文评价的过程中让学生明白，"真"是发自内心，出于自然的，是不加掩饰，不需故作的。在作文评价的过程中，教师要带领学生共同思辨，辨析文章所描述对象，所表达情感、意愿是否真实，让学生真切体会到写作文要从"真"字出发，胡编乱造是一种不正当的作文行为，应杜绝。评价的过程中还应营造民主、平等的作文氛围，鼓励无忌的童言畅快流淌。教师应从学生的视角出发，从学生的认知水平出发，从学生的情感体验出发，怀揣一颗童心去认识学生作文之真，对于写真话、述真情、表真意的文章应该大加赞赏。然后在写真的基础上去捕捉亮点、引领点拨；在写真的基础上纯洁语言、精炼语言、讲求章法；在写真的基础上关注情感、态度、价值观与作文要求；在写真的基础上把作文写"精"，这是作文评价应遵循的路子。

造成学生作文虚假现象的原因是多方面的，有社会方面的，有考试方面的，有教师方面的，也有学生自身方面的。改变学生作文的虚假现象既是一项漫长而艰巨的工程，也是一个具体而实在的过程，需要我们社会大环境的改善，需要语文教学改革的进一步发展，更需要教师提高素质，转变作文教学观念，革新作文教学理念，优化作文教学策略。

创造性思维：让作文飞扬个性

《课标》强调"改革创新"是时代的核心精神。历史证明"创新是一个民族不竭的动力"。教学生作文也就是在教学生做人。作什么样的文，成为怎样的人；需要成就怎样的人，就教作怎样的文。为了培养适应时代的具有创新精神的人，我们要在作文教学的过程中培养学生的创新思维，鼓励和引导学生写有创意、有个性的文章。"文章最忌随人后"（苏东坡），"文章最忌百家衣"（陆游）。作文是语言和思维有机融合的成果。作文创新，首先是思维的创新。创新的作文是怎样的呢？思想深刻、新颖而独特。创新思维具有"开创意义"，是一种"高智能活动"，既遵从于思维的一般特性，又有突破，表现出独特性和创造性。如何培养学生作文的创造性思维呢？策略和方法固然很多，下面几种方法，经过实践证明是有效的。

第一，引导学生创新命题的思路，让题目更能体现视野的开阔性，思维的独特性、跳跃性和语言的新奇性。比如，以"读书的好处"为话题的作文命题，用惯常的思维命题，可能是《读书助力成长》《阅读成就美好人生》《阅读是事业成功的基石》……如果用创造性思维命题，可以是《阅读的人生永享春天》，以"春天"为喻，把阅读的妙处春光烂漫般形象起来、光彩起来，光读题便感觉美好扑面而来，能诱发读者的阅读期待和无限遐想。再如《书是治愈一切的良药》，用"书"与"良药"作比，而且胜过普通的良药，可以治愈"一切"，能召唤芸芸众生，不论身份、不论处境，不畏将来、不念过往都到书籍中来，寻找自己所要的那剂精神良药。再如《书里拾趣》，书中有趣待你寻，谁人生活无须趣？一个"趣"撇开他说，首先是能聚焦大群"粉丝"的。又如《读书是有趣的串门儿》，不爱串门的人为数不多，每推开一扇新门，就能看见别样的风景，将读书和串门对接，脱跳的思维，有趣的比喻……

第二，引导学生创新行文的思路。"在思考同一问题时，我们的思想往往重复同样的途径，这是因为各个观念已经合成为固定的思维锁链。习惯性思维程序的造成就好像条件反射一样，这样往往不能使人摆脱无益的思想途径。"（心理学家山贝弗里奇）因此当写助人为乐的话题时，"雨中无助者，突然有人为其打伞，受帮助者非常感动"这样的内容、这样的套路从爷爷的爷爷开始写，到今天还在延续，作文千文一面、千篇一律的现象屡见不鲜。这不仅仅是小学生的问题，常有爆料：高考作文雷同现象严重，各行各业的学术不端的人物层出不穷。造成作文雷同的一个原因是人们的写作很容易落入思维的窠臼。老师要引导学生围绕主题或题目多角度、多侧面地深挖掘、广思考，独辟蹊径、推陈出新，不断越出自己和他人思维的"雷池"。

第三，鼓励学生用创新思维进行想象。"想象力比知识更重要。因为知识是有限的，而想象概括着世界上的一切，推动着进步，并且是知识进化的源泉。严格地说，想象力是科学研究中的实在因素。"（爱因斯坦）老师要引导学生从生活中摄取材料，基于生活大胆想象，由此及彼、由表及里，作文时融入独特的想象，虚实相生地进行创造性表达。

杨绛先生的《风》，在这方面很有借鉴意义。我们一起来欣赏其中的一个片段："风就是这般压在天底下，吹着吹着，只把地面吹起成一片凌乱，自己照旧是不得自由。末了，像盛怒到极点，不能再怒，化成恹恹的烦闷懊恼；像悲哀到极点，转成绵绵幽恨；狂欢到极点，变为凄凉；失望到极点，成了淡漠……"在惯常的文笔里，风是自由洒脱、毫无羁绊的，而杨绛先生却用上了反常的逆向思维进行想象，给人以新的启迪。

再来看一位小朋友的超凡脱俗的想象。一天他读了沙白的诗《秋》："湖泊上 / 荡着红叶一片 / 如一叶扁舟 / 上面坐着一个秋天。"他觉得挺有意思，便仿写了一首《春》："树枝上 / 长着嫩叶一片 / 如一个舞台 / 上面站着一个春天。"这诗因独特的想象思维获得省级作文竞赛奖。

一次作文课上，让学生写一种花。有一位学生写的是牵牛花，他没有把"牵牛花"想象成"喇叭"，他是这样想象的："夜晚的牵牛花张大嘴巴，好像在跟天上的星星说什么？"我说你怎会这样想，那学生自豪地说："我看了一本儿童诗，里面的想象和我们平时想的不一样，所以我也就不一样想。"我说："对，你善于学习和借鉴，这就叫'大胆想象''独特想象'。"我转而向全体同学说：

"我们看了不少书，很多书会出现和我们平常不一样的想象，我们也可以去尝试尝试大胆地进行不一样的想象，想象能力也是在实践中锻炼出来的。"结果孩子们的思维，激活得像节日里从地面腾起的礼花。有一个学生这样写道："地上，一朵牵牛花高高地举着望远镜，想看看天上的星星到底在干什么。天上的星星眨巴着眼，想知道地上的牵牛花举起酒杯在庆祝什么。"思维跳出了"沼泽"，意象的转换妙不可言，令人拍案叫绝。

要培养学生的创新思维，就要培养学生思维的主观能动性、变通性、独特性和敏感性，要多鼓励学生，多运用多元性的评价。从暗示心理学原理来看，学生作文的过程是心灵暗示的过程。鼓励学生放飞思维，学生才能爱上习作，才有思维的发散性。要呵护每一个学生，树立全体学生习作的自信，不人云亦云，不做他人的应声虫，这样学生才会、也才敢亮出自我。引导和评改学生的习作都要关注全体学生，扬其个性。允许并且鼓励他们"特立独行"去习作。要运用科学的策略，培养学生对生活敏锐观察和敏锐表达的能力。

习作：在表达中求真

　　《课标》将小学阶段的作文称为"写话"和"习作"，旨在降低小学生习作的难度，减缓小学生习作的坡度。小学生习作不是文学创作，而是练笔，具体明确、文从字顺地表述自己的意思，能根据日常生活需要，选择合适的表达方式。小学习作教学要重在激发学生的习作兴趣，培养他们习作的自信。教师要创设良好的习作环境和氛围，采取一定的措施，鼓励学生不拘文体，自由表达自己的真情实感。

一、抓"生成"

　　现在，不少学生处于被动习作状态，基本上是受命于老师而作，心不甘情不愿，敷衍了事，是绝对的苦差。当学生自己有话要说，尤其是群情激昂的时候，大人总嫌他们太吵闹，烦他们，呵斥他们。学生的习作材料、习作思维，大都被老师有意无意地圈定。老师毕竟是成年人，即便会很努力地以"儿童立场"的视角去关照学生的习作，也不可能和孩子一般去感受生活、思考问题、看待问题。要让孩子热爱习作、乐于习作、善于习作，教师就必须从孩子的认知生活中"开渠引流"，指导表达。

　　孩子是感性的，他们不可能"老成持重"，他们只会"喜形于色"，天性使然。他们的思想言行遵从下意识，从心所想出发，喜怒哀乐写在脸上，心中的情感也总会表现在脸上。教师要善于观察，敏锐捕捉学生表达的触燃点，趁热打铁组织学生交流表达。见缝插针，充分利用零布头时间，抓"生成"练表达，实施常态化训练。学生的表达语不在多，贵在"真"，表达真情实感、表达自己的见解即可，尤其是起步年级。虽说口头表达过渡到书面表达有一定的距离，有一定的难度，但良好的口头表达一定能助力良好书面表达能力的形成。在常态化的表达中，要鼓励学生放胆说，能使瞬间的个性思维、情感之流，文从字顺地汩汩流淌，直抵他人之心。随着年段提高，逐渐做到表达具体、生动、形象。

我在任教期间，每天确保10分钟"谈天说地"时间，或是课前，或是课中，或是课后，或是自习课上，见机而为。只要用智慧开启学生的心扉，激发他们的表达愿望，我们便能发现学生的"世界"五彩缤纷，甚至有很多我们意想不到的精彩："老师，我的黄豆发芽了，胖乎乎像个小逗号""我的蝌蚪长出了两条后腿。丑是丑了点，但总有用吧""猫的眼睛白天总是眯成一条缝，晚上却又圆又亮。难道他们是动物中的小偷派""我把一块石头扔在水中，它嘶嘶地响着，还冒着热气。我伸手一摸，妈呀，烫得要我命。奇了怪了，水滴穿石何其艰难，为何它入水就化呢？为何失去了石头坚硬的本性呢""天蓝蓝，海蓝蓝，难道玉帝和海龙王都喜欢睡蓝色的床，他们在比谁的床更蓝、更干净吗？不然的话，我现在看到的天和海为什么蓝得那么纯澈""谁规定的嘴巴长在鼻子下面？这样有什么好？怎么我就没感觉到？要是嘴巴长在鼻子上面，感冒流涕的我就不会吃自己的鼻涕了"……记得当时学生对"鼻子为什么不长在嘴巴下？"这个问题特别感兴趣，我就顺势引导学生思考交流"如果你是鼻子或嘴巴，愿不愿意交换位置？"交流后请同学上台，戴上头饰演一演鼻子和嘴巴的对话，加上动作，带上表情。同学们兴奋异常，不知不觉中一个有趣的童话故事就活灵活现地演出来了。演完则写，学生往往一讲到动笔就乐不起来。我说："我们来当回童话书的编辑和作者，书名就是《鼻子和嘴巴》，谁愿意？愿意的拍掌示意一下。"全班没有一个不愿意的。学生写完后，我协助他们编辑，师生一起来配图插画，其乐融融。把学生的作品装订在一起，用上一个有意思的封面，一本关于"鼻子和嘴巴"的童话书问世了，放在教室的图书角。我就这样根据学生感兴趣的一个个话题引发孩子一次次说写，把作品装订成册，成为一本书放置于图书角，学生很有成就感。学生老喜欢翻阅自己的书，开家长会时，家长也喜欢翻看这些"书"。这有利于家长在整个班级学生习作水平的参照下，较为客观地了解自己孩子的习作水平，更好地实施对孩子的指导。"人活脸面树活皮"，孩子会因为争气、争面子，端正习作态度，尽力把习作优化。

此外，我还让学生参与拟题与评价，注重全方位发挥学生习作的主观能动性。为了让评改更有效地促进学生习作能力的成长，每次习作我都实施"自读自评＋

互改互评＋全班展评"的方式进行。"互改互评"时充分发挥小组合作优势互补的作用。

二、给"钥匙"

　　文章是语言、结构、技巧的结合体，并融形象、情感于一体。九年一贯，分阶段进行写作教学，指向的是"写作"，教学拾阶而上，是为了减缓坡度，但目标不能模糊。杭州大学教授朱作仁指出："要让儿童说连贯的、有条理的、符合逻辑的话。即练他们的语流、语脉、语理，不能只注意他们的语言。"在不影响学生表达的兴趣、信心的前提下，还是要引导学生悟得和运用一定的表达技巧。这里的钥匙，就是指学生学习表达技巧的方法。那么怎样给学生提供学习表达技巧的方法呢？

　　首先教师要率先垂范，养成说正确规范话语的习惯，让学生耳濡目染，在春风化雨中习得。

　　其次，借鉴，迁移运用。司马迁的《史记》之所以能成为名垂千古的恢弘巨著，在一定的程度上得益于司马迁对《左氏》《世本》《战国策》《楚汉春秋》等前人著作的借鉴；苏东坡的《水调歌头》脍炙人口，尤其是其中的"明月几时有，把酒问青天"经典诗句，据说是化用了李白《把酒问月》中的"青天有月几时来，我今停杯一问之"。古诗词里有不少诗句是作者化用前人诗句而来的，比如唐代王勃《滕王阁序》中的"落霞与孤鹜齐飞，秋水共长天一色"，是北周庾信《马射赋》中"落花与芝盖齐飞，杨柳共青旗一色"句的化用。名作家尚需借鉴，何况我们的小学生。范本的来源多头，教材就是很好的范本。叶圣陶先生提出："语文教材无非是个例子，凭这个例子要使学生能够举一反三，练成阅读和写作的熟练技能。"教材都是精心挑选而来的文质兼美的文章，其中不少经典名篇，是阅读和写作的范例。我们可以根据课文特点或学生自身表达的需要，取用句、段、篇，引导学生借鉴、模仿。可以模仿一句话、一段话和整篇文章，可以借鉴语言特色，可以借鉴结构特点，甚至可以借鉴表达的内容。借鉴模仿，讲究的是恰当、有效。

三、给"自由"

（一）给写作内容的自由

语言大师叶圣陶先生说过："写真经历、真体会、真感受，这是解决写什么的最好办法。无论谈话或写文章，最要紧的是拿出自己的真实东西来。"传统的作文教学不管是写人记事还是写景状物，总是定好题目，安好框架。由于有些事物学生没有接触过，他们只是痛苦地编着，往往对作文失去兴趣，缺乏信心。由于受作文命题的限制，学生往往需要应付基础训练上的作文命题，违心地述说着苍白无力的话语，真正精彩纷呈的生活却被埋没了。我尝试不出题目、不定框框，鼓励学生用心诉说，于是学生的笔下处处闪烁着生活的光彩。从调查的结果看，学生乐于写，习作中流露出的"孩子气""童稚语"随处可见。广大教师认为，自主命题为学生提供了一个很好的倾吐环境，做到了"海阔凭鱼跃，天高任鸟飞"。

（二）给表达形式的自由

学生之所以会说假话空话，一个主要的原因是教师事先给学生定好了框架，学生没有表达形式上的自由。综观小学习作教学，小学生习作在表达形式上往往有许多人为的壁垒。只要稍稍翻一翻各种作文指导类书籍，就会发现这些书内容都是些"怎样开头""怎样过渡""如何照应"或是"审题五法""立意六招"选材七条""布局八要"，这些本身并没有错。但是过多条条框框、规矩法则，使学生作文处处受约、时时受制，无从下笔。即使作文写好了，也常常是已经模式化了。为了让学生说真话、表真情，教师要淡化文体，倡导自由表达，开辟更多符合小学生生活实际和他们感兴趣的作文样式和内容，使他们容易找到自己的兴奋点，不拘一格地把观察到的事物写下来。加强学生自主拟题作文练习，让他们真正享有自由表达的权利。这不仅仅是作文，更是为了学生生命的自主发展。

（三）给表情达意的自由

作文本来是表情达意的，而真情是金。作文教学理应发挥其教育引导功能，理应加强学生的思想、道德、伦理等内容的教育。但这种引导或教育不等于以代言人的口吻向学生发出话语指令，不能因此简化了学生个体的自主思维过程与情感体验过程，不能满足于把信仰与精神追求的娇艳花蕾接在虚伪之上。否则，作文教学只不过是无思想交流、无心智对抗、无真情投注的话语游戏。比如，在指导学生写关于春天的作文时，我没有照本宣科，强迫学生非表达对春天的喜爱不可，而是让他们自由表达。结果，出现了"老实说，我根本不喜欢春天，因为雨爷爷太贪玩了，一到人间就耍个没完没了，白白的墙壁被他弄哭了，路面被他泼上了'润滑油'，害得我们不得不穿上笨重的雨鞋，时不时要提防摔个大马趴"这样的真情习作。

总之，在小学习作教学中，教师应改变成人化、文学化、模式化的倾向，倡导习作教学生活化之理念，走出"假、大、空"的怪圈。学生的习作无论是内容还是形式，都要返璞归真，踏上回归原生态的路，我们要用我们的实际行动呼唤挥洒童真的习作。

巧引妙拨 作"四有"作文

有一位多次参加高考阅卷的老师说："看到考生真实的写作状况，有种强烈的挫败感，学生经过十多年作文训练，获得的回报非常有限。这是一件无比痛心的事。"

如何破解作文教学低效的难题？小学阶段的作文教学如何定位，才能为后续的作文教学铺好路、搭好桥？基于这样的思考，根据自己的实践经验，我觉得小学阶段学生的作文应该夯实"四有"：言之有物、言之有序、言之有趣、言之有理。

一、"言之有物"的教学策略

（一）厘清概念

"言之有物"出自《周易·家人》："君子以言有物，而行有恒。""物"指内容；"言有物"指文章或讲话内容具体而充实。"言之有物"不仅仅要求学生落笔有指向，而且要求学生对描写的对象进行细腻、多层、多维的翔实表达。

比如"雪花从空中飘落下来就变了"，这句话有言说的对象——雪花落地的情况，但变成了什么没写清楚，显得有点空洞。如果能抓住"变"写具体，就能真正显得"言之有物"了。如，"雪花从空中飘落下来就变了，变成了雪人、汽车、房子、大树、大地的被子，整个世界变得粉妆玉砌了"。

（二）引导观察

引导学生融入生活，真切感受，用心体验。法国雕塑艺术家罗丹说："对于我们的眼睛，不是缺少美，而是缺少发现美的眼睛。""一沙一世界，一花一天堂""花有花道，草有草道，树有树道，茶有茶道"，宇宙万物各行其道，各显其美。要培养学生的观察意识，让观察成为学生的一种常态，成为学生的自觉行为。

（三）强化积累

1. 依托课文积累。课文是经过精挑细选的经典之作，是语言的典范，有些语言生动活泼，贴近学生的生活和语言，可以引导学生背一背，默一默，用一用。课文中好的表达形式，也要有意让学生吸收运用。

2. 依托课外读物积累。扩大阅读面，增加阅读量，提升阅读品质，在实施"课外阅读课程化"的过程中，在老师点拨、同伴互助中，在阅读的潜移默化中，积累妙词佳句以及好的行文方式。

3. 根据习作性质加强训练。小学生习作，不要拔高要求，只要把看到的、听到的、感受到的、想到的进行真实表达就行。

有一次下乡调研，一位老师感言："学生的作文怎么教都很空洞。"我请她举了个具体的例子。她举例如下："教他们写校园中的大榕树，大榕树就在我们教室门口，天天能见，但四年级了，大都只有五六句话。"我请她根据习作的性质再引导学生补充习作：

把看到的补充好——四季之绿有哪些变化？哪一个季节最绿？绿得怎样？榕树有多大？什么样子？（整体看，部分看）

把听到的补充好——树上有什么声音？分别是怎样的？交合在一起又是怎样的？这些声音在不同的时段、不同的季节有什么变化？

把想象的补充好——树的生长、树上的各种声音、树下的情景让你想到了什么？

实践证明，根据习作的性质提拉点拨学生的思维，学生的作文自然会做到"言之有物"。

二、"言之有序"的教学策略

（一）厘清概念

"言之有序"出自《周易·艮》："言有序，悔亡。"指说话和写文章很有条理。

（二）掌握表达之序

首先要让学生明白文章的表达顺序主要有：时间先后顺序；地点变换顺序；

事情发展顺序；空间位置转换顺序；按照事物不同方面的顺序；从整体到部分的顺序；从部分到整体的顺序；还可以按照时间变换顺序写……

（三）训练有序表达

习作是知易行难的事，不能光停留在理性的、概念化、知识化的讲解中，要重在实践之效。

1.读写结合，借鉴课文的表达顺序训练。《草船借箭》是按事情发展的顺序写的，学完后，可以让学生也按"起因—经过—结果"写写自己感受较深的一件事；《富饶的西沙群岛》在具体描写时，是按事物不同方面的性质来写的，学习后，可以让学生用同样的顺序写写自己的家乡；《富饶的西沙群岛》在具体写物产的时候，依次写"珊瑚""海参""大龙虾""鱼""贝壳""海龟""鸟"，写完一种，再写一种，可以让学生仿照着写写秋天的水果。

2.按照表达对象的特点，灵活表达顺序。天空的云彩，它是变化着的，就可以按它变化的顺序写；写一个实验，就可以按实验的过程写；写某种物品，就可以按照它的形状、颜色、功能一个方面一个方面写……

建议学生用思维导图先理清顺序，再动笔写，这样就可以防止滑到哪里算哪里的无序表达。

三、"言之有理"的教学策略

（一）厘清概念

语出明无心子《金雀记守贞》："还是左兄言之有理，极是曲体人情。"指的是说话有道理。

（二）关注三理：文理、情理、事理

文理：成文的道理。含文章结构的道理，构段成篇的道理，连句成段的道理，遣词造句的道理。比如《鸟的天堂》，作者两次经过"鸟的天堂"。第一次经过"鸟的天堂"是黄昏时期，"鸡栖于埘，日之夕矣，牛羊下来"，黄昏时分，鸡回窝，牛羊归圈。鸟同样，黄昏回巢，时渐晚，天渐黑，它们和大自然的许多物象一样归于安静，收了翅，敛了声，因此作者感觉"鸟的天堂"里没有一只鸟。

第二次经过"鸟的天堂"是早晨时期，"口出而作，日落而息"，鸟儿早晨开始活动了，积蓄了一晚的精力非常充沛，因此早晨的活动会显得生机盎然，热情四溢，于是，"树上就变得热闹了，到处是鸟声，到处是鸟影。大的，小的，花的，黑的，有的站在树枝上叫，有的飞起来，有的在扑翅膀"。这样写，就顺理成章。如果交换时间，文章就不顺了，文理就不通了。

情理：情感承接、转折的道理。比如《去年的树》，有一位老师在教学树和鸟儿相互道别时，引导学生进行补充提示语和朗读训练："看看哪一棵树的话语最诚恳，最能打动鸟儿的心，能让鸟儿明年回来给他唱歌。"有一位学生在提示语中补充了"恳求"一词，他说："树恳求鸟儿说，'再见了，小鸟！明年春天请你回来，还唱歌给我听'。"乍一听，没问题，细一想，不合情理。上一自然段，也就是开头一自然段是这样写的："一棵树和一只鸟是好朋友。鸟儿站在树枝上，天天给树唱歌。树呢，天天听着鸟儿唱。"这是怎样的"天天"啊？这是历春夏，经秋冬，不畏酷热严寒的"天天"，在这"天天"的歌中我们能感觉到两心相惜、两心相怜，他们的生命相互融合，你中有我，我中有你，他们在用特殊的形式——"歌"，来分享快乐，分担忧愁。这样的友谊是何等深厚！当树与鸟道别时，依恋之情可想而知，彼此难分难舍。树期待着再相见，因此自然道出"明年春天请你回来，还唱歌给我听"。鸟和树之间相互依恋的情感是不分轻重的，它的内心也渴望来年的再见，因此，如果说需要树恳求小鸟，说动小鸟的心，小鸟才回来唱歌，和前面的情感是承接不上的，情理不通。

事理：事情起因、经过、结果各环节言说的理由，各部分之间起、承、转、合的道理。人教版五年级上册有《地震中的父与子》这篇课文，课文的开头写道"美国洛杉矶发生大地震，30万人在不到4分钟的时间里受到了不同程度的伤害"。如果不交代地震是如此巨大，那后面写到的"那么多父母绝望地哭喊，都认为这位父亲坚持不懈救孩子的行为是一种精神失常的狂态"就没有依据，显得突兀。前面写清楚了"他知道儿子的教室在一层楼的左后角"，后面写父亲在他所挖的地方挖出了活着的儿子才有可能。如果没有前面的交代，大片房子都成了废墟，他怎么就能在那个地方挖出他的儿子？不可思议！如果没有交代在教室的角落，哪来的房顶塌下来架成个大三角，保全儿子的生命？正因为前因后果交代得清清楚楚，环环相扣，读者的心才能完全融合于合情合理的对事情的表达中，感同身受，启迪心灵，陶冶性情。如果事理不通，读着文章就会感觉七磕八绊，前一个窟窿后一个坑，甚至会出现不可逾越的鸿沟。

（三）在阅读与习作中，通过说一说、辨一辨、变一变等方式指导学生"言之有理"地表达。

说一说：老师出示题目，学生根据题目筛选内容，对应文题说说怎样写更合理。老师在学生充分表达的基础上，进行优化点拨。

辨一辨：辨一辨学生习作的合理性。习作指导重在开阔学生的思路，激发学生的兴趣，树立学生的信心，重在说。从说到写有一定的障碍，学生的习作自然会暴露这样、那样的问题。可以让学生相互读习作，发现读不懂或读不通的地方。这些地方往往就是情理不通之处。评改时，要集中"火力"在生生互动、师生互动中让其情通理顺。

变一变：将文章的结构、语言进行变通性地表达，在变通中学习"言之有理"地表达。可以依托学生的习作，也可以依托课文让学生去变一变表达，在变中悟表达之理。《囊萤夜读》这篇课文，可以让学生用自己的语言讲述故事。

囊萤夜读

胤恭勤不倦，博学多通。家贫不常得油，夏月则练囊盛数十萤火以照书，以夜继日焉。

——《晋书·车胤传》

用自己的话讲好故事，基于对故事的理解感悟，自然能悟事中理："胤恭勤不倦"，所以"博学多通"。"恭勤不倦"的具体表现是"家贫不常得油，夏月则练囊盛数十萤火以照书，以夜继日焉"。"恭勤不倦""博学多通"，久久为功，成就了车胤的伟业……

四、"言之有趣"的教学策略

（一）厘清概念

什么叫作"言之有趣"？在准确表达的基础上，进行联想、想象、类比等，运用恰当巧妙的表达方式，增强表达的趣味性，就叫"言之有趣"。不能为趣而趣，趣应着眼于表达的效果，换言之，增趣是为了增效。

（二）准确把握描述对象的特点

表达从描摹开始。描摹事物的性状，一定要抓住事物的性状特点。比如《白鹅》，是散文大家丰子恺的杰作。丰子恺先生笔下的白鹅情趣盎然。这情趣缘自作者的仔细观察，把白鹅顾盼的神情，白鹅的叫声、步态和吃相特点观察得通通透透。

（三）准确表达描述对象之间的相互关联

比如《乡下人家》这篇课文中有这样一段："若是在夏天的傍晚出去散步，常常会瞧见乡下人家吃饭的情景。他们把桌椅饭菜搬到门前，天高地阔地吃起来。天边的红霞，向晚的微风，头上飞过的归巢的鸟儿，都是他们的好友，它们和乡下人家一起，绘成了一幅自然、和谐的田园风景画。"作者抓住天的特点：高远；红霞给它嵌着鲜亮、耀眼的边；空中氤氲着温馨的微风的气息；归巢的鸟儿在空中飞舞，边飞边叽叽喳喳畅谈着出行的快乐和恋家的情怀。作者抓住地的特点：辽远、开阔。正因为作者抓住了"天高地阔"的特点，空中红霞、微风、鸟儿的特点，以及天人之和谐，才道出了农家晚餐的独特与迷人。再比如："如果我是一条鱼，老师就是永不枯竭的河流；如果我是一棵小树，老师就是培植我的肥沃土壤；如果我是一只鸟，老师就是让我安然栖息的密林……"这就抓住了师生之间教与学的关系，有滋有味、淋漓尽致地表达出了学生对老师的爱戴之情。

（四）进行联想、想象、类比，运用有趣的方式进行表达

比如："老师的问题一提出，就好像桌上上了一道美味可口的菜肴，同学们立马举起叉子一样的手，抢着要'吃'。"运用想象，把问题比作美味的菜肴，把同学们举起的手比作用餐的叉子，把回答问题比作"吃菜肴"，同学们争先恐后抢着回答问题的情形表达得趣味盎然。再比如："老师的目光比电子侦察机更

灵敏地落在我的身上，老师的话语比导弹更精准地击中我的心弦。"将"老师的目光"与"电子侦察机"类比，将"老师的话语"与"导弹"进行类比，有趣有力地说明了老师目光的锐利，话语对我心灵强烈的冲击。

生活中有很多有趣的语言，要让学生像马克·吐温一样，把它们随时记录在随身带的本子上。比如"在这片土地上种上一根车杠，来年定能长出一辆马车来"，又如"我们要善于将不好的情绪和事情删除，把快乐的情绪和事情一遍遍地复制、品味"。

（五）有效借鉴

有一位老师跟我说他指导学生写我们身边的河——贡江，但写得都很乏味，没有什么读头。我建议他让学生去看看著名作家严文井先生的童话《小溪流的歌》，读后再来重写贡江，重写之前谈谈《小溪流的歌》哪儿有趣，把有趣之处好好赏赏。《小溪流的歌》中小溪流与贡江有何异同之处，强调要抓住贡江的特点写，可以仿照《小溪流的歌》中有趣的写法，但不能抄袭其中的句子。结果是，重写的文章趣味性强多了！

作文教学既是语文教学的"重头戏"，又是语文教学的"老大难"。老师投入了很多时间，花费了很多精力，但收效不佳，需要我们共同来思考、改进。

第五辑＼综合

再探"自主、合作、探究"的学习方式

中共中央、国务院印发了《关于深化教育教学改革全面提高义务教育质量的意见》，强调要"创新教育教学方式，变单纯的满堂灌填鸭式教育为启发式、互动式、探究式，推进课堂革命，让学生在学校在课堂上学得活一点，实效大一点"。这不由地让我想到2011年版语文课程标准倡导的"自主、合作、探究"的学习方式。

为什么要倡导"自主、合作、探究"的学习方式？首先是人才培养的需要。发展、变迁的时代需要具有开阔视野、开放心态、创新思维的人才，传统学习方式被动而狭隘，滞后于时代对人才的需求。

一、自主学习

何为自主？自主是指自己作主，与"他主"相对。自主学习是受自我内需推动的学习，不是"要我学"，而是"我要学"，是一种悦纳性学习。内因是源泉与动力。就本质而言，任何一种有效的学习都是由内而外的成长。天空收容每一片云彩，故天空广阔无边；高山收容每一块岩石，故高山雄伟壮观；大海收容每一朵浪花，故大海浩瀚无比。悦纳性的自主学习，所得方能成天空、高山、大海之势。

可见，"自主学习"是一种凸显主体、自觉能动的有效学习状态，可以在任何学习方式、学习行为中呈现。比如"合作学习""探究性学习"都应该在自主学习的状态中进行。可以说，自主学习是一切有效学习的前提保障！因此"自主""合作""探究"三种学习方式，"自主"列于首位。

"自主学习"和"自由学习"有着本质区别。"自主学习"的第一个特征是目标导向。"自主学习"是有明确目标导向的，而不是放任自流、自由散漫。但目标不能过高，否则非但无意义，且会迎来挫败、打击、乏力；目标也不能过低，不然既浪费时间，又制约学生成长。这就呈现了"自主学习"的第二个特征：

学生的主体性和教师的主导性有机融合。比如在制定目标的时候，教师可以相机介入，关注孩子最近发展区，帮助其制定合适的学习目标。再如，学习策略、学习方法的运用，教师可以提出科学、有效的建议……"自主学习"第三个特征是信念导行。"自主学习"是有信念的学习，有一种为学的使命感和行动力，能够坚守正确的方向，精进不懈；能够主动探寻有效的策略和正确的方法；能够永不停歇地向未知进发，且有良好的反思习惯和较强的自省能力，在自省中自明，在自省中修正，在自省中提升……

由此可见，"自主学习"是一种久久为功所成就的一种能力。

二、合作学习

"合作"对应的是"独学"。

所谓"独学"，指的就是独立学习。"独学"是必要的，是"合作"的前提保障。独处独学是常态，每个人终归要以自己的思想去独立思考。我国颇负盛名的历史学家、古典文学研究家、语言学家、诗人陈寅恪极力倡导"独立之精神，自由之思想"。再说"合作"学习，是合作者们思想、观点的碰撞与交融，没有独立学习为前提，合作就不可能有真正意义上的思想、观点的碰撞与交融。可见，独立学习是不可或缺的，是"合作"的前提保障。实施合作学习之前，一定给足时间与空间，让学生独自涵泳、静思默想，形成自我见解，生成独立观点。

"合作"是重要的。每个人的脚步、思维，都会被自己的视野囚禁。"合作"意味着"共赢"。参与合作学习，如井蛙出井，如树木归林，如小溪汇江，能翻越自我的藩篱，拓展视野，在越来越高的占位上，欣赏越来越美的风景，不断提升自我。

合作学习有什么样的误区？如何有效避免？

误区一：曲意迎合。不明合作学习的真味与真谛，不想做、不愿做，但又怕别人说自己与时代不合拍，教学 out 了，为了应景、作秀，赶教学时潮，就贴上合作学习的标签。行随心至，无心何来真为？故而一本正经假合作。针对此类情况，要引导其转变观念，充分认识合作学习的重要性，明白合作学习的要义，对接合作学习"正知""正念""正行"，求真务实，真抓实干。

误区二：策略不当。没有独自学习为前提，没有学情的认知，没有合作内容的合理化，没有成员分工的科学性，没有合作习惯的养成，没有合作的程序性……或自顾自地说，或低头缄默不语"坐享其成"，或附和盲从，或七嘴八舌，各说各的，不能围绕共同议题或话题共通、共融、共进……这类情况我们可以实施有效策略。（一）异质分组。全面摸排学生情况，依照组织力、学习力、成绩、性别等，好中差搭配成组，组与组之间相对均衡。（二）明确分工。组内成员分工科学合理，组长、记录员、资料员、报告员成员轮换做，体验不同任务带来的成就感。（三）科学预设。所有的高效教学，都源自未雨绸缪。课前分析学情，研究教学内容，确定"独学"不能及的，有一定难度、价值的，具有开放性的合作内容（一般是问题）。（四）有序有形。依据合作的内容，设计程序，循序渐进。

误区三：时间不足。教师咬定预设不放松，加上时间紧，怕环节超时，合作开始不久便用语言、态势加以催促，学生随师而行，自觉地、遗憾地收场了。没有时间的保证，合作如何往深里走，往实里走，往心里走？如何出高效？这种情况解决之道就是保证时间，不走过场，在求真上做文章，在务实上下功夫，蹄疾步稳，立足严实效，强力抓落实。

误区四：引导不力。有些老师把合作学习看作纯粹的生生之间的学习，学习前传达任务，发布指令，学习时，感觉与己无关，袖手旁观，自顾自地当甩手掌柜，或象征性地在学生中穿行几趟。因为教师的缺位，合作学习显得浅薄，学生们在已有的认知上转圈圈，互助共进性差，效果不言而喻。鉴于此，我们可以这样做：（一）把握角色，准确定位。任何一种教学方式，都是教与学的双边活动，学生学习主体性、主动性要充分彰显，但教师的组织、引领、鼓舞、唤醒不可或缺。（二）未雨绸缪，精心预设。凡事预则立，不预则废。教学的高效就源自预设与生成的相得益彰。在哪个环节，围绕什么内容开展合作学习？如何开展，可能存在什么问题？教师如何积极作为，有效作为？这些都要充分预设。（三）多元方式，拓宽外延。要正确理解合作学习的内涵，合作学习就课堂教学而言，可以是生生合作，也可以是师生合作。如果拉展合作的时空，还可以是学生、家长、其他社会成员更多主体参与的学习。在课堂小组合作学习的过程中，教师要关注动态生成，蹲身看、用眼看、静心听、用脑想，明问题、知不足、析缘由、寻对策，强化学生思维的广泛性、多元性、深刻性，强化合作的融合度和成长性。

误区五：缺乏反思。合作学习弊垢重重，往往过了场，走了形式就草草了事。没有反思，教学就会茫然，难免在滚雪球似的问题中懵圈，自然是高耗低效、苍白乏力。因此，需强化对合作学习的反思，在理论与实践结合中反思，对接孩子的成长与未来反思。对策一：善于观察和发现。到学生中去，用心观察每一个个体，每一个小组；观察每一个学生的习惯、态度、融合度和成长性；观察每一个小组的团队精神、成员分工，责任的压实，成员参与的面与度以及效果；发现合作内容是否贴近学生，深了还是浅了。当堂观察中发现，联系过往，比对观察中发现，发现问题，寻找不足，看到进步，关注亮点，明确方向。对策二：善于梳理与反思。把现象、问题予以梳理，然后进行反思。反思是思之再思，是透过现象看本质，是最具动能的思考，为的是扬优势、提效能，或追根溯源解决问题，弥补不足，完善学习。

三、探究学习

"探"金文：象。八表示洞穴，●表示口，洞口，丷表示分，拨开，人表示人，探穴者。"探"造字的本意：动词，把手伸进看不见的洞穴里摸索。

"究"甲骨文：⺄。像伸出手掏摸。"究"的造字本意：动词，伸手往洞里掏摸、试探。

可见，用于"探究"学习的问题应该是穿透现象的，是本质、深层的，应该有一定的深度和难度。比如统编教材五年级上册课文《猎人海力布》，教师可以引导学生思考"为什么说这是一个奇幻故事？""既然是奇幻民间故事，为何让至尊至爱的海力布变成很现实、硬硬的石头？"前一个问题基于文字建构的故事情节就知道，呈现于字面，无须"探"，不必"究"；而后一个问题，有一定的深刻性，要对接人们口耳相传这个故事的内心的共同情愫：崇尚英雄，对英雄永远的、切切实实的、代代传承的敬仰与爱戴。因此后一个问题有一定的深度和难度，值得探究。

探究学习的方式多元。就参与的主体看，有"独立探究""合作研究"；就探究的时间节点看，有"及时探究""延时探究"；就探究的路径看，有"基于语言文字的探究""基于生活的探究""基于社会调查测量的探究""综合性的探究"……探究有法，贵在得法。用什么方式方法探究，应因需因效而定。

探究学习需要有批判精神、创造精神、探索精神、实证精神、求真精神、协作精神，要有思维的深刻性、灵活性、独创性、广博性、敏捷性，这些都需要在点点滴滴的教学中去涵养。

"自主""合作""探究"三种学习方式相互依存、相得益彰，不机械割裂，有机融合、灵活运用，就能有效促进学生有效学习，使学生在习惯、态度、情感、知识、能力、价值观的多元有效构建中得到最大幅度的成长。

讨论式教学四忌

　　叶圣陶先生说："上课做什么？在学生是报告讨论，不是一味地听讲；在老师是指导和纠正，不是一味讲解，在这种场合，老师如讨论会的主席。"可见，讨论式教学在教学中有重要的地位和非凡的作用。然而，在具体运用的过程中，许多不合理的现象严重制约了其功能的发挥。"教学有法，教无定法，贵在得法。"根据当前现状，在讨论式教学的运用过程中，应注意以下"四忌"：

　　一忌泛滥讨论。有的老师爱赶教学形式上的时髦：一听说讨论式教学好，便不加思量、不顾实效地大肆滥用。课堂是热闹起来了，但讨论的大多是一些价值很小，甚至无价值的浅问题、小问题、假问题，形式之下，没有多少实质性内涵，高耗低效。为提高讨论式教学的实效，讨论应当围绕重难点内容展开。教学重难点如何确定？在统编教材教学背景下，可以根据单元语文要素，结合课文的特点来确定。如《鸟的天堂》，它是统编教材五年级上册的一篇课文，所在单元语文要素是"初步体会事物的静态美和动态美"。课文描写的是作者傍晚和黄昏两次经过"鸟的天堂"时的不同情景，傍晚鸟儿栖息于树，作者感受到的是榕树的静态之美，早晨经过"鸟的天堂"时，群鸟在欢乐地鸣叫、扑翅、飞翔，到处都是鸟声，到处都是鸟影，好一派生机盎然，好一幅"鸟乐动态图"，描绘的是动态之美。单元语文要素和课文内容两相结合，可以确定其教学重点为"理解作者是如何表达'鸟的天堂'的静态美和动态美的？"教学时，可以以此作为讨论话题。课堂时间极其有限，要注意实效，一些与重点无关或关系不密切的问题，或学生个体能解决的问题就不组织学生讨论了。讨论式教学要做到"好钢用在刀刃上"，要紧扣教学重点展开，要充分发挥其"智慧相融、互助共进"的作用，有效突出教学重点，突破教学难点。

　　二忌无准备讨论。有的教师问题一提出，便急于让学生讨论，不给予学生准备讨论的时间与空间。试想，此时的学生毫无准备，头脑空空，如何讨论？再者，学生没准备就没有自己的问题、想法、观点介入讨论，只有当当听众，做做摆设。

学生没有积极的参与，哪有主动的吸纳？这样的讨论就是形式，孩子凑在一起，犹如思想的枯枝插在枯树上。因此，讨论应在学生针对话题独学深思的基础上进行。老师一定要根据讨论问题的难易程度，给足学生独立思考的时间。如教学统编版五年级上册第 6 课《将相和》时，可以根据教学的重点讨论问题："廉颇为什么要负荆请罪？"与这个问题关涉的课文内容较多，涉及的信息面较广，可以说这是一个统领全文，有思想深度的问题。课堂上应根据学情，至少要给十五分钟左右的时间读书、思考，最好还要引导学生课前做好铺垫，利用各种渠道收集相关的信息，了解相关的背景。学生有了足够的时空准备，认识深刻，体验丰富，满腔的积蓄不吐不快，讨论时自然滔滔不绝、各抒己见，这样的讨论必然是广泛的、深入的。广泛、深入的讨论定然触发、加强学生对人物更为深入的了解和理解，与文本、与作者进行深层次对话，知道如何依托故事塑造人物形象，懂得什么叫识大局、顾大体，像这样，学习语言文字运用的同时，涵养了品性、塑造了品格，提升了素养。实践证明，讨论前给予学生充分准备的时空，学生才有参与讨论的动力与能力，才能让有思想含量的讨论，真实地在全体学生中发生，从而提高教学质量。

三忌匆匆收场。课堂上这样的现象屡见不鲜：讨论正热烈地进行着，教师敲响教鞭或打出手势，勒令停止，讨论声戛然而止，学生个个正襟危坐，结果是讨论如蜻蜓点水似的走了过场而已。肤浅的讨论，不可能解决问题，促进学生思维的碰撞，更不能有效地在互助中共进，有效达成目的。比如有一位老师在教学《鸟的天堂》时让学生讨论：为什么称这棵榕树为"鸟的天堂"？学生兴趣盎然地谈论着，他便叫停。讨论的结果学生只知道原因之一：榕树高大茂盛。这位老师意识到讨论不充分，组织学生结合课文内容，联系自己的生活体验再次讨论，其结果便大不一样，学生进一步认识到称榕树为"鸟的天堂"的原因：不仅因为它高大茂盛，还因为当地人们爱鸟护鸟，保护大自然的意识强，各种各样、成千上万的鸟儿们能在上面无忧无虑、自在闲适地生活。因为讨论充分，学生的思维得以开拓与深化，对问题的认识也更全面、深刻了。

四忌少数人讨论。少数人讨论，就是大多数人陪衬。合作讨论时，真正参与的只有少数学优生，多数学生还只是起陪衬作用，学困生更是被边缘化，成为地地道道的摆设。究其原因：一些学生，尤其是学困生，底气不足，缺乏自信，自卑感强，讨论时不敢发表意见，生怕招来同学、老师的冷眼。为此，老师必须设法树立学困生的自信心，鼓励他们大胆、积极地参与讨论，变"少数人讨论"为"全体讨论"。老师对学困生尤其应多肯定，多赞赏，允许他们表达不成熟，甚至是错误的观点，让所有学生明白，讨论的最高要义就是"积极参与，敢于发表自己的见解，在互助中共同成长"。我曾经在执教人教版课文《我的战友邱少云》时组织学生讨论：哪些地方最能表现邱少云的好品质？我在巡视中发现一学困生欲言欲止。我投以鼓励的目光，轻拍他的肩膀，说："大胆说，说错了也没关系。"他鼓了鼓劲，终于开口了："'邱少云像千斤巨石趴在地上一动不动'最能体现邱少云的好品质。作者把邱少云夸张成千斤巨石，说明邱少云严守纪律，在烈火烧身疼痛难忍的时候，也能趴地上一动不动。"虽然此处非夸张而是比喻，但我还是先予以肯定和赞赏。此生深受鼓舞，其他学困生的自信心也大大地增强了，更积极主动地参与讨论。实践证明，学困生只要经常受到信任、鼓励、宽容，便有一种安全的心理，便会打开心扉，鼓起勇气，树立信心与同学平等地讨论，这样，全体学生均能在讨论中互相帮助，共同提高。

合理选择讨论的内容，精准选择恰当的讨论时机，营造民主平等的氛围，激励全体学生参与，又给予充分的准备讨论的时间和空间，加之老师适时、适当的点拨引领，讨论式教学便能彰显功能，大放异彩，有效促进学生语言表达能力、团结协作能力、多元评价能力、创新思维能力的提高。

文化的传承与理解如何在语文课堂中落实

　　什么是文化？文化的内涵宽泛，人们对文化的理解也是仁者见仁，智者见智。文化是一个庞大的体系，从远古走来，涉及宇宙万物，种类繁多。既有显性的，也有隐性的。各种文化就像或大或小的珠宝，点缀在某个历史时期，甚至是整个人类历史的长河中，熠熠生辉。可以说文化是一个"大而无外""小而无内"的概念，是多层次、多维度的。

　　什么是文化的传承与理解？《普通高中语文课程标准》(征求意见稿)中提出，"文化的传承与理解"是指学生在语文学习中，能继承中华优秀传统文化，理解、借鉴不同民族和地区文化的能力；以及在语文学习过程中表现出来的文化视野、文化自觉的意识和文化自信的态度。从这个概念来看，涉及三个动词——继承、理解、借鉴；三个短语——文化视野、文化自觉、文化自信。

　　继承指的是能借助语言文字，体会中华文化的博大精深、源远流长，继承中华优秀传统文化。比如古代有神农尝百草、大禹治水、精卫填海、愚公移山等民族精神；现代有井冈山精神、长征精神、鲁迅精神、大庆精神、雷锋精神、青藏高原精神、抗洪抢险精神等等；近看我们有塞罕坝精神、夏伯渝精神、谢勇精神……这些构成了蔚为壮观的精神群体，成为中华民族精神的主旋律。我们培育民族精神必须要弘扬中华民族的优良传统文化，并且区别于其他民族的特质，寻找到本位。

　　理解包含两个方面，一是理解并认同中华文化，形成热爱中华文化的感情；二是理解、包容不同民族、不同区域、不同国家的文化，尊重多样文化。比如理解中国古代儒家提倡的"仁、义、礼、智、信"，我们才能更好地理解当前我们国家提出的社会主义核心价值观的意义。理解不同民族、区域、国家的文化，我们才能认识这个多彩的世界。

　　借鉴是指我们在立足于中华文化的基础上，借鉴其他民族、区域、国家的文化，用鲁迅先生的话来说就是"拿来主义"。求同存异、兼容并包，我们的文化传承与理解才不是狭隘的，我们的文化传承与理解才会有新的生命力。随着全球交流的日益频繁，每一种文化都不可能独立于世，或者唯我独尊。开放的时代，需要多元的文化。

文化视野，指人们从社会历史文化的角度考察、分析和总结现实中的各类问题所涉及的认知范围。通常表示思考问题的某种出发点和角度。我们应当培养学生纵横古今的文化视野。

文化自觉，主要指一个民族、一个政党在文化上的觉悟和觉醒，包括对文化在历史发展中地位作用的深刻认识，对文化发展规律的正确把握，对发展文化历史责任的主动担当。

文化自信，是一个民族、一个国家以及一个政党对自身文化价值的充分肯定和积极践行，并对其文化的生命力持有坚定信心。

语文，是母语教育，我们有博大精深的优秀传统文化，它能"增强做中国人的骨气和底气"，是我们最深厚的文化软实力，是我们文化发展的母体，积淀着中华民族最深沉的精神追求。继承并理解传统文化不仅可以吸收人类文化的精华，增强我们的文化自信，还可以在运用祖国语言文字的过程中，提高自己的文化自觉，初步形成对个人与国家、个人与社会、个人与自然关系的思考和认识，树立积极向上的人生理想，增强为民族振兴而努力的使命感和社会责任感。基于此，语文教育，从小学开始，就应当有意识地渗透中华优秀文化的传承与理解的教育。

笔者认为，在小学语文课堂中传承与理解的文化，主要应该是指教材所涉及的，或"听、说、读、写、书"等语文活动中所涉及的文化。如何在小学语文课堂上传承与理解文化呢？笔者做了以下思考。

一、善于捕捉教材里的独特"文化因素"，尊重教材中文化的多样性

小学教材中的文化样式，最突出的是文章样式。在每一个文章样式之中，又嵌蕴着丰富多元的文化，有的还是"经典意象"，成为独特的"文化因素"。教学中，我们应充分发掘并尊重课文呈现和蕴含的文化，认真、准确解读。

比如，中国的诗，是一种伴随着人类文明而来的文化。它缘于情，通过一

定的外在形式言志。要用适应的方法，从形式到内涵，引导学生理解诗性、诗意、诗情、诗理、诗趣，在理解、品悟、积累、拓展中传承。《晓出净慈寺送林子方》是一首送别诗，送别诗的共性是用诗歌的形式表达离情别意，但送别的方式又各不一样：有的以目相送，如李白的《黄鹤楼送孟浩然之广陵》；有的以歌相送，如李白的《赠汪伦》；有的以酒相送，如王维的《送元二使安西》；有的赠柳送别，如李白的《折杨柳》……这些是古人送别的经典意象，体现的就是诗歌中的"送别文化"。教学时，教师一定要有这样的文化意识，遵从诗的本源，渗透整合，多样地去理解和传承。其他体裁如词、曲、歌、赋、小说、散文、童话、寓言等课文也是如此。

二、把握年段特点，宏观微观相结合，恰当渗透

有些文化本就是一个大的范畴，而有些显得比较微观。还有的，既有宏观的呈现，又有微观的体现。教学中，我们必须遵从其本质，结合学生的年段特点，恰当选择理解和传承之道。

比如"莲文化"，从远古走来，源远流长。它是佛教文化的一支，是诗词文化的重要组成部分，在民俗中也常见不鲜。《诗经》就有它："比泽之陂，有蒲与荷""比泽之陂，有蒲菡萏""山有扶苏，隰有荷华"。《楚辞·离骚》也有它："芙蓉始发杂芰荷，紫茎屏风文绿波"。可见，"莲文化"是博大的。在教材中，从一年级就涉及了有关"莲"的古诗词和文章：一年级上册有《江南》，一年级下册有《池上》《小池》《荷叶圆圆》；二年级下册有《晓出净慈寺送林子方》；三年级上册有《赠刘景文》；四年级下册有《清平乐·村居》；初中有《爱莲说》。教学时，我们要根据不同学段学生的年龄特点和认知规律选择恰当的"莲文化"进行渗透。低年级，借助直观画面和想象，联系生活感知"莲"的美丽及其给人们的生活带来的快乐和情趣，让其在学生心中树立美好形象；高年级可以以"莲文化"为主题，师生一起收集不同历史时期、不同领域的相关材料，进行宏观性学习，去发现"莲文化"的共性，区别"莲文化"与其他文化的特质，从而理解：无论在佛界还是在诗词界，"莲"象征的都是高洁。正如周敦颐《爱

莲说》所言："出淤泥而不染，濯清涟而不妖，中通外直，不蔓不枝，香远益清，亭亭净植，可远观而不可亵玩焉。""莲"的精神：香远益清的理想抱负，中通外直的人格追求，卓尔群芳的聪明智慧，花叶成趣的生命活力。

"莲文化"的理解和传承可以借助古诗，夯实在一首首诗词的学习中，夯实于微观的学习中。比如，《赞莲》"路上百花竞芬芳，碧水潭泮默默香。不与桃李争春风，七月流火送清凉"，可以品其"不争"之形象，紧扣"不争"联系诗句"不与桃李争春风"进行展开式、深入式的微观教学，还可以引导学生联系生活实际，想象春天里"沾衣欲湿杏花雨，吹面不寒杨柳风"的舒适，想象东风拂来，万紫千红的景象，感受作者在诗句中运用对比的匠心：莲不趋炎不附势，无论是在淤泥中，还是在美艳诱人的春风里，不乱于心，不困于情，坚守本心，保持高洁之"净"，坚持刚正之"直"。

三、要将"文化的传承与理解"融合于语文学习的方式中

文化具有共性更有个性，学生也有共性与个性，因此，理解、传承的方法要有多样性和灵活性，既要有一些共性的，也要有一些个性的。但，无论如何，语文课堂理解和传承文化要用语文学习的方式。

（一）根据汉字的特点传承与理解

汉字是最古老的文字之一，甲骨文—大篆—金文—籀文—小篆—隶书—草书—楷书，一路星辰，一路歌，携着时代的印记与一代代劳动人民的智慧结晶走到现在，有近四千年的历史了。其中有"仓颉造字"的美好传说；有象形、指事、会意、形声、转注、假借"六书"的原理；有汉字"形、音、义"合体的韵味……这些汉字文化，要依托字词教学，让学生去发现、感悟。学生发现不了的要引进资料，辅助学生的学习，从而让学生体会汉字的魅力，喜欢汉字，有效传承。

（二）巧妙渗透文章蕴含的文化

根据小学生的阅读特点，小学语文教材里的课文有相当一部分是故事性的，童话故事、寓言故事、纪实故事，遍布于各年级各册次。故事里的情理与哲思就是文化，应该让学生在充分读、充分悟、充分交流表达的过程中理解故事和故事

的蕴含。比如二年级的《蜘蛛开店》，可以先让学生看看蜘蛛是怎样开店的，为什么一次次更换所买货物，一次次更新招牌？然后借助思维导图，去总结归纳，明白其中的缘由，最后引导学生联系生活实际思辨如何科学合理地开店，并用文字表达出来。这样就让孩子在读、思、议中轻松愉快地学习了故事，还或多或少知道了一些买卖的理与趣。再比如，统编教材五年级的《猎人海力布》，这是一个民间故事，一个草原人民关于英雄的故事。借课文学习，借助资源的引进，运用灵活多样的自主、合作、探究的学习方式，首先让学生领悟民间故事的特点：来于远古，起于民间；口耳相传；充满幻想，善用夸张；蕴含人们的愿望。其次，要从故事中探究出英雄本质：善良、忠勇、乐于奉献。还要探究草原人民为什么希望海力布这样的英雄常驻草原人民之中。在此基础上让孩子去"口耳相传"这个故事。其他文章也承载着这样丰富的知识、情理和哲思，这些都是文化，都要让学生在"听、说、读、写"的语文学习方式中去理解和传承。

（三）在大量的阅读中传承与理解

叶圣陶先生强调："语文教材无非是个例子，凭这个例子要使学生能够举一反三。"叶老这种观点主要指向的是学生阅读和写作能力的习得，文化的理解和传承也应如此。比如，学了神话《普罗米修斯》，可以让学生去广泛收集中外神话，在大量的阅读中明白：神话是人类最早的故事，是原始社会人类对一些现象（包括自然的和社会的）无法理解，便予以神化，神话故事的主角是神。理解"任何神话都是用想象和借助想象以征服自然力，支配自然力，把自然力加以形象化"，并让学生把阅读中觉得很有意思的神话讲给他人听。实践证明：大量阅读是语文课堂理解和传承文化非常有效的方式。

（四）在表达中理解和传承文化

表达包括口头和书面两类。学生语文课堂的学习活动，主要是由"听、说、读、写、书、背"等构成的，可以在读一读、背一背、说一说、写一写的学习中去传承文化。比如，周敦颐的《爱莲说》充分体现了莲的文化，莲的精神，可以让学生去背诵，还可以鼓励他们去吟一吟，唱一唱。仿写古诗也是传承之法。比如，学完杨万里的《晓出净慈寺送林子方》，可以让学生仿写：

毕竟＿＿＿＿＿月中，

春光不与_____同。

接天_____无穷碧，

映日_____别样红。

还可以这样仿写：

毕竟_____中，

风光不与_____同。

接天_____无穷_____，

_____别样_____。

在仿写中感受诗中画、画中诗，感受自然的万千气象。感与悟的过程就是传承诗形、诗情、诗韵与文化的过程，就是在传承诗的文化。

四、要将文化融于生活，从而激活文化，使学生形成文化自觉

文化是人类社会特有的现象，是由人所创造，也是为人类服务的。

著名特级教师王崧舟老师说："为什么我们的文化传承和发展不够理想？是因为它总出现在考场、赛场和舞台上，脱离了生活。"试想，当我们的家长忧愁苦闷、不停灌酒时能来上一句"抽刀断水水更流，举杯浇愁愁更愁"；事业上升、志得意满时会吟出"春风得意马蹄疾，一日看遍长安花"；望着中秋的圆月脱口而出"但愿人长久，千里共婵娟"；面对孩子的灰心丧气能鼓励道"世上无难事，只要肯登攀""沉舟侧畔千帆过，病树前头万木春"时，我们的文化何愁没有传承和理解，我们的文化怎么不会高速发展和繁荣呢？由此观之，家庭、社会、生活才是传承和理解文化最好的阵地。作为一名老师，我们一定要留心生活，捕捉契机，让学生在生活中用"文化"，真正体会到中华文化的博大精深、精妙绝伦，增强民族自豪感和自信心，自觉成为中华优秀文化的传播者和代言人，建立"文化自觉"的意识。

总而言之，在语文课堂中传承和理解文化，是重要的、必要的，是自然而为，更是使命。在语文课堂中传承和理解文化，一定要遵从学生语文学习的规律，巧妙融合于语文教学活动中，否则就会事倍功半，甚至是缘木求鱼。

怎么进行"有目的地阅读"

老师要当好课程的建设者。面对新教材的出现要去审辨思考，吃透教材，设法用好教材。统编新教材设置了"阅读策略"这种特殊单元。我深入课堂听了一些课，也从网络杂志上看了一些课例，总感觉策略单元的教学缺点真味。首先我们要对统编新教材增设的"阅读策略单元"做一个理性的思考。为了扩大阅读面，增加阅读量，提升阅读品位，统编新教材着力体现课外阅读课程化。为了真正落实课外阅读课程化，统编新教材建构了"精读—略读—整本书阅读"三位一体的阅读教学体系，目的在于用好教材这个例子，课内得法课外用法，使课外阅读有方法的指导。"三位一体"教学体系的建构，还通过课内的检测督促学生的课外阅读。为了实施好"课外阅读课程化"，教材还用"和大人一起读""快乐读书吧""我爱阅读""阅读策略单元"等等板块予以支撑。"课外阅读课程化"是"阅读策略单元"的上位，"阅读策略单元"的教学就是为了更好地实现"课外阅读课程化"，指向的是学生"善读书""读整本的书"，换言之，是指向学生阅读能力的提升。阅读策略单元如何教学才能实施到位，才能体现阅读策略单元教学的核心价值？下面我就以统编教材六年级上册的阅读策略单元——"有目的地阅读"为例来谈谈。

一、什么叫"有目的地阅读"

小学不进行概念化教学，但对教学必须涉及的关键性概念，老师一定要准确把握，概念不明，势必教学不清。

我们先来看看什么叫"阅读策略"。《阅读辞典》是这样阐释的：阅读策略是指阅读主体在阅读过程中，根据阅读任务、目标及阅读材料的特点等因素，所选用的促进有效阅读的规则、方法和技巧。"有目的地阅读"这个单元的单元导语对"有目的地阅读"的解释是：根据阅读的目的，选用恰当的阅读方法。两种说法都在强调"有目的地阅读"是阅读主体选择阅读的方法，求得阅读高效，而且是不同的阅读目的采用不同的、恰当的阅读方法。

为什么要根据"阅读目的"的不同采用不同的阅读方法？为的是提高阅读速度，提升阅读品质，更为有效地提升学生的语文素养。"有目的地阅读"强调：阅读主体是学生，"阅读方法"的比较、选择由学生完成，在策略实施的过程中，学生进行自我的阅读监控，在自我督促下提升阅读的品质；"阅读目的"和"阅读方法"之间是紧密关联的，"阅读目的"引导"阅读方法"的选择，检测"阅读方法"的效果；"阅读方法"服务于"阅读目的"的达成。

二、注意单元内容，有效建构教学价值

这个单元的教学是对前面所学阅读策略"预测""提问""提高阅读速度"的综合运用，也是对学生自主习得的其他策略的整合运用，同时也是对课内外掌握的学习方法的灵活选择和合理运用。

这个单元和其他阅读策略单元的编排方式是一样的。单元教学内容体系依次由"单元导语""阅读提示""课后练习""交流平台"组成。"单元导语"定方向，"交流平台"给方法，"阅读提示"和"课后练习"设任务，教方法。整个单元的教学统整于"有目的地阅读"策略的学习中，目标明确，训练主线清晰。教学之前要"单元统整，前后照应"解读单元内容，注意助学系统和课文教学之间的关系，注意各助学系统板块的教学地位和教学时机，把各板块的教学行为和教学价值勾连起来，建构整个单元和每篇课文的教学目标和教学流程。

这个单元三篇课文体裁不同。《竹节人》是叙事性散文，《宇宙生命之谜》是科普性说明文，《故宫博物院》是群文加图片的非连续性文本。这样的编排意图指向让学生在实践中明白：任何文体的文章，都可以用上"有目的地阅读"这个策略进行阅读，即"有目的地阅读"策略的运用有普遍适应性。

《竹节人》一篇文章三个任务，旨在引导学生发现：同一篇文章可以带着不同的目的去阅读，不同的目的要关注不同的内容，采用不同的方法。

《宇宙生命之谜》题目下的阅读提示中只出现了一个问题"宇宙中，除地

球外是否还有生命存在于其他星球？"这个问题贯穿全文，课文后面还有两个问题。这篇课文重在引导学生读懂课文，感受科学家进行科学探索的严谨，激发学生的科学意识，培养学生的科学精神，同时让学生感受语言的精炼准确，学习分析、对比、排除、列数字、做比较、举例子等说明方法。

《故宫博物院》要求学生根据文本为家人规划旅游线路，并讲解两个景点。

三篇课文的编排，由单文到多文；体裁由常见的叙事性散文到更少接触的科普文，再到更为陌生的非连续性文本；第一、二篇是精读课文扶着学，阅读目的的实现相对更简单，重在语言的建构和思维的提升；第三篇是略读课文，要求学生自主地在生活中用上阅读策略。

由此可见，三篇文章的编排是序列化、体系化的，三篇课文的教学目标水平层次是逐渐提升的，因此，不宜变换课文的教学顺序。

三、在课文教学中落实好"有目的地阅读"

《竹节人》是精读课文的第一篇，要让学生读一读、思一思单元导读页的表达。阅读策略单元人文主题性淡化了，主要要从单元导语中读懂策略的内涵，为后面的有效学习做铺垫。在具体教学过程中，要让学生自主寻找相关的段落，思辨选择什么方法，感悟方法的恰当性，去发现方法和目的关联的规律性，千万不要塞方法给学生，重在学生的习得。比如，讲一个关于老师的故事，要让学生明白：因为"起因""经过""结果"是故事的要素，是故事的主体，是所有故事都绕不过的，所以为了讲好故事，必须注意事情的"起因""经过""结果"。

《宇宙生命之谜》首先要认真、静心通读全文，因为课文是以"提出问题—分析问题—得出结论"的严谨结构，依据科学家的探索历程，环环相扣安排内容的，阅读时不能有内容掉链的现象，否则就读不懂科学家是如何探索的。课文的旁批启发阅读的思维过程，课后的练习提示阅读的方法有自主选择的空间。旁批和课后练习提到的方法可以作为学困生学习的支架，用于教学的保底。课后两个问题可以让学生自主选择一个，问题一相对更容易，是对课文内容信息的提取和梳理，问题二相对更难，是要尝试运用科学家的论证方法去论证。

《故宫博物院》体现学用结合，培养学生自主在生活中运用策略的能力。要突破课堂和教材的局限，可以和家人商量着完成；可以到实地去收集相关材料；可以先去听一听导游词。这篇课文的教学甚至可以设计成项目性学习，更好地感受到呵护家人的人情美，感受中国古代建筑的美以及蕴含其中的智慧，感受绘画艺术的美，感受到语言的口头与书面之美，更立体全面地培植学生热爱祖国的思想感情。同时，在分化的多元目的的学习中强化"有目的地阅读"策略的运用能力。

阅读策略单元的教学，不是为策略而策略，而是要更好地为理解感悟课文内容服务，通过策略的实施，开展显性的学习活动，牵出丰富的隐性教学价值。教材中的阅读目的是编者给的，怎样让学生久久为功，养成自己设定目标，自己选择对应的方法去阅读的好习惯，从而使学生的阅读监控在真正意义上实施呢？"我思故我在"，我们一起来思考与探索吧……

总而言之，"有目的地阅读"是一个综合性、关联性强的阅读策略，以始为终，重要的是阅读目的的达成。每一个阅读目的都关联着一个或多个有针对性的、具体、恰当的阅读方法。不同的阅读目的有不同的阅读方法，这个阅读策略的习得要用更多的时间、更多的思考、更多的智慧、更多的实践来保障。

文学主题单元项目化学习的开发与设计
——以统编小学语文教材五年级上册第三单元为例

　　苏霍姆林斯基认为"人是教育的最高价值"。教育的要义就在于培养人、发展人，因此，教育要"以生为本"，多引领学生在自主实践的学习活动中有效成长。虽然基础教育课程改革，使学生学习的主体性得到有效提升，但还远远不够，学生的学习实践大都还严重受制于教材、课堂、教师、惯常的教学模式，学生学习的主观能动性和学习潜能得不到有效发挥。开展项目化学习能有效解决这些问题，因为项目化学习，是以人的发展为本，在素养导向下，以生为本，"把各部分整合到一个整体中去认识"的大格局、有深度、有内涵的学习。

　　这里所说的"文学主题单元"中的"单元"指的是小学语文统编教材中的教学单元，"文学主题单元"是指由同一类别文学作品组成的单元。比如三年级上册第三单元课文全是童话；三年级下册第二单元课文都是寓言；四年级上册第四单元课文均为神话……这些，就称之为"文学主题单元"。那么，如何依托"文学主题单元"实施项目化学习呢？

一、深挖主题，找准项目

　　我们首先明确"文学"与"文学主题"这两个概念。"文学"在辞海中的解释是"以语言为手段塑造形象来反映社会生活、表达作者思想感情的一种艺术"。文学是语言艺术，属于意识形态范畴，往往是重要的文化表现形式（体裁），也可以说文学属于文化的范畴。"文学主题单元"指的是统编教材以同一样式的文学作品为内容主题编排的单元。"文学主题单元"项目化学习，旨在让学习者拥有更大格局、更高层面、更多维度、更深入、更持久的文学认知，能发掘知识之间、知识群落之间的内在联系，探究、生成文学学习的意义，更大限度地传承文学中蕴藉的文化精神，文学是美的，它的美重在对人的品格与精神的塑造，重在对人性的引领。因此，我们将"文学主题单元"的项目化学习的主题定为"文化精神的传承"。要实施文化精神的传承，首先要把握各种文学样式的特征，传承方能有根基；其次要进行文学审美，因为审美是文学社会作用的核心与基础；再次，要开辟传承的途径，灵活传承的策略，有效传承文学蕴含的文化精神。基于这样的思考，可以设计三个学习项目：概括文体特征；提升文学审美能力；传承文化精神。

统编小学语文教材五年级上册"民间故事"单元编排了《猎人海力布》《牛郎织女（一）》《牛郎织女（二）》三个民间故事，以"快乐读书吧"的形式推荐阅读民间故事《田螺姑娘》《梁山伯与祝英台》《八仙过海》……实施本单元的项目化学习，还可以拓展其他民族的民间故事。除了文本样式的民间故事外，还可以整合开发电影、电视、戏曲、快板、木偶、皮影戏等形式呈现的民间故事为学习内容。这样，立足教材又超越教材，立足课堂又超越课堂，立足学校又超越学校，进行学科与学科，学科与生活及其他的整合融通。通过创设大量、真实的学习情境，让学生真实地、主动地参与学习实践活动，在三个学习项目的引导下进行链状学习，不断体验、探索、发现，不断形成关于文学新的认知，新的能力，提升涵养，塑造品格，从而达到传承文化精神的目的。

二、依据项目，确定目标

早在2014年，巴克教育研究所就强调"挑战性问题"是项目设计的核心要素。换言之，项目化学习首先要在学习项目的导引下有明晰的学习目标，然后以目标为任务，用富有挑战性、驱动性的问题开辟达成任务的路径，搭建完成任务的桥梁。在统编小学语文教材五年级上册"民间故事"单元，围绕主题"传承文化精神"的项目化学习中，根据单元内容特点、学生发展需求、《课标》要求和项目任务可以设定三个单元学习目标。

根据项目一"概括文体特征"设定的学习目标是"通过单元统整、拓展学习，培养学生乐于发现、积极合作、主动探究的学习品质，并能发现、发掘、归纳民间故事的文体特征"。

根据项目二"提升文学审美能力"设定的学习目标是"打通课堂学习与生

活的壁垒，穿越时间与空间，实施跨界拓展学习，在阅读、思考、想象、表达中根据语言形式和故事内涵，多角度感受民间故事的美，提升审美情趣和审美能力"。

根据项目三"传承文化精神"设定的学习目标是"能超越教材、超越课堂，运用灵活多样的方式，从形式与内容两方面创造性地复述故事，传承民间故事及其蕴含的精神"。

三、根据项目，设计问题

苏霍姆林斯基说："在人的心灵深处，都有一种根深蒂固的需要，就是希望自己是个发现者、研究者和探究者，而在儿童的精神世界中，这种需要特别强烈。"为了落实好学习目标，聚焦关键知识和能力，可以提出驱动性问题，引领学生去发现和探究。

围绕第一个学习目标设计的驱动性问题是"如果要你向大家介绍民间故事，你会抓住民间故事的什么特点进行介绍呢？各民族民间故事有什么不一样？用什么方式介绍才更能给人留下深刻的印象呢？"

围绕第二个学习目标设计的驱动性问题是"民间故事为什么在各民族遍地开花，无论什么身份，无论什么地位，无论年纪的大小都喜欢听？民间故事美在哪，为什么深得大众人心？"

围绕第三学习目标设计的驱动性问题是"从内容和形式两方面看，可以用什么方式创造性复述民间故事？怎样灵活地传扬民间故事承载的精神？"

四、问题驱动，分项学习

紧扣项目学习目标，在问题的驱动下，引导学生主要以自主、合作、探究方式的学习，循序渐进地逐项展开学习，逐项评价、反馈、完善学习情况，通过一个个项目的落实完成整个文学主题单元的学习。

（一）在问题驱动下进行项目一"概括文体特征"的学习

首先要基于单元内文章的阅读，再结合已有的认知，去归纳、概括、感受，从内容和形式两方面去发现相应类别文学作品的文体特征。

1.立足单元文本的阅读去感悟、发现、梳理。将单元中出现的民间故事《猎人海力布》《牛郎织女（一）》《牛郎织女（二）》《梁山伯与祝英台》《田螺姑娘》《八仙过海》进行自主阅读，合作交流，初知民间故事的文体特征。

2.在与已学过的其他文学体裁的对比中去发现民间故事的特点。前面学过了童话、寓言、现代诗、神话等文学体裁，让学生在对比中求异，在求异中发现民间故事的相同特点。

3.小组合作设计民间故事地图。先画一张中国地图，将单元中的民间故事，标示在相应的地方和相关的民族中，然后通过网络、书本、同伴或大人互助，搜集其他各民族的民间故事，同样在地图上补充标示。这是一种学生自主整合学习领域，横向拓展的学习方式，要占用一定的课外时间，有的学生可能需要大人的协助，需要打通家校沟通的渠道，争取家长的配合。

4.选读地图上的民间故事。小组合作，关注民间故事人物特点，用橡皮泥捏一捏或用纸画一画故事中的主要人物。捏、画之前充分在读中交流评价人物，尽量捏画得神形兼备。捏画不是目的，而是手段，为的是对人物形象深入品味，从而发现民间故事的人物特点。

5.教师提取不同民族、不同风格的民间故事，让学生选择自己熟悉或喜欢的，去画出故事情节思维导图，去发现民间故事的情节特点。

6.学生自主用表格的方式，归纳民间故事的特点。民间故事是口耳相传的经典，是老百姓智慧的结晶。没有固定的作者，源自百姓，年代久远；语言通俗易懂、情节曲折跌宕，好听易传；寄予着百姓对真善美的追求、对假恶丑的鞭挞；为了实现百姓心中美好的愿望，故事中往往会出现超能量的英雄人物，会出现充满奇幻色彩的情节；故事中的平民主人公，往往出身卑微、地位低下，但为了坚守自己的理想信念，在重重磨难、种种挫折面前毫不畏惧、勇往直前……

7.教师出示民间故事文体特征概括自查反馈评价规量表，小组合作对照，互查项目学习效果，教师适机查漏补缺、引领点拨。

（二）在问题驱动下进行项目二"提升文学审美能力"的学习

文学是一种语言艺术，文学创作的客体是整体性的社会生活。换言之，文学是对融入了作家情感体验的，社会普遍问题和现象的概括和反应，是话语蕴藉中的审美意识形态，具有广泛的、社会性的审美价值，而审美是文学社会价值的核心。因此，文学主题单元的学习，也一定要彰显文学的审美价值。《教育大词典》对审美的解释是"审美是一种积极主动的价值取向活动或实现价值的活动，其内涵是领会人物或艺术品的美。是人类（主体）对世界（客体）的特殊体验，是主体与客体的沟通，是主、客体有意识的一体化"。可见，审美是对事物和现象的观察、感知、理解、想象、判断等一系列思维活动。《基础教育课程改革纲要》强调：使学生养成健康的审美情趣，是新课程的培养目标之一。当下，有相当一部分学校和教师，把审美能力和审美情趣的培养主要放置于艺术教育，忽视了美育的本质特征，而将其视为素质教育的外在标签或附属品。任何学科都有其审美价值。文学的审美价值是多元的、丰富的，自然、科学、社会、艺术的美都融入其中。在文学主题单元的项目化学习中，要让学生从不同的角度，充分发掘作品的美，借助文字，联系生活、参考资料去观察、感知、理解、想象和评价。在这个项目化的学习中，我们紧紧围绕驱动性问题，引导学生多角度地发现审美客体中的多元的美——静态的美，动态的美；语言的美，行为的美；内在的美，外在的美，并内化吸收。

1.文学教育是培养语文审美情趣的重要途径，要引导学生置身于作品之中，获得情感体验，从中吸收文学作品的精华，领悟作品的内涵，以达到提高学生人文素养，加厚学生人文底蕴的目的。在阅读中审美，发掘欣赏语言传达的美：美的艺术形象、引人入胜的深邃意境、生动感人的场景、质朴却有浓烈乡土气息的语言、代表真善美的人物形象、感人肺腑的真情……

2.再次出示民间故事地图，走进各民族经典民间故事感受美。出示民间故事地图后，让学生选择自己最感兴趣的故事，或潜心阅读，或依托网络音频听读，或借助网络看相关的视频，如阿诗玛、阿凡提的电影、电视、戏曲，《梁山伯与祝英台》的电影，《八仙过海》的电影、《田螺姑娘》的动画片……让学生灵活选择自己喜闻乐见的形式去观察、感知民间故事多种形态的美。

3.学生或独自，或小组合作，用类似橡皮泥的工具去捏一捏，或在纸上画一画自己觉得故事中最美的人物、场景、情节。在捏、画之前，要在班组上表达所捏所画对象美之所在。捏与画是手段，表达对人物形象、情节、场景美的鉴赏是目的。

4.多角度地交流分享民间故事最能打动自己的地方，自己觉得最美丽、最美好的地方，可以演一演，也可以开展相关的演讲比赛。

（三）在问题驱动下进行项目三"传承文化精神"的学习

在这个项目化的学习中，可以围绕驱动性问题展开下面的学习活动。

1.将单元语文要素和文化精神的传承有机融合。借助"课后练习"和"口语交际""交流平台"几个栏目，提炼创造性复述故事的一般策略：转换复述的角色，将自己当作故事中的人物去讲述；抓住重点增添细节、丰富情节；变换情节的顺序，设置悬念；配上相应的动作和表情。不管任何形式的创造性复述，都要注意凸显主旨，更好地褒奖真善美，鞭挞假恶丑。

2.通过一个民间故事，走进一段历史，感受人们某种精神的追求。比如《牛郎织女》，可以探究其相关的历史。通过探究就能明白：《牛郎织女》的爱情故事，最早起源于古代的天文观念。早在先秦时期诗歌总集《诗经》中，就把天上的两个星座比作勤劳的牛郎和织女，但没有把他们想象成爱情故事。到了汉代，在人们的想象与构造中，牛郎和织女的爱情故事诞生了，这个故事越传越广，到了魏晋南北朝时期，梁朝的小说里就记载了织女私自下凡会牛郎，被王母活活拆散，只能隔着银河相望的故事。于是，农历七月七日也就成了固定的节日——乞巧节，姑娘们在节日里祈求自己心灵手巧。后来演变成了七夕节，故事还入了诗《迢迢牵牛星》，后续创作了很多表达七夕情思的诗词，探究中可以感受到人们对自由爱情的向往和追求。

3.借助一个民间故事，走进一个民族，去感受民族的精神寄托。民间故事属于口头文本，是民族文化传承的载体，在民族文化生活中具有重要的意义，反映了相应民族的精神风貌和价值追求，可以让学生根据故事中的环境、风俗、人物走进相关民族，感受其精神风貌。如《猎人海力布》，让学生根据故事去探究出属于游牧民族的草原人民以游牧为主要生活方式。古时候他们长期过着逐水草而居的生活，所处的环境相对比较危险，因此他们崇尚和呼唤像海力布这样的英雄。再如《阿凡提》，通过探究就会知道，阿凡提的出生地，也许是土耳其，也许是中国新疆，也许是乌兹别克斯坦，他是人民心目中智慧的化身、欢乐的化身，很多智慧故事都归结于他名下，他嘲笑和智斗那些假仁假义的人，因为当时他有可能生活的地方，当权者在宗教法律的掩护下，剥削和凌辱百姓，而百姓渴望平等和幸福的生活，因此就流传出了很多关于阿凡提的故事。

4.化身文艺宣传员，讲好一个故事。从内容和形式两方面创造性地开展讲演民间故事的活动，可以以课本剧的形式，用上道具；可以一个人讲，也可以角色化合作讲；可以到社区、幼儿园、公共场合去讲，在角色表演实践中更加深刻地体会民间故事所蕴含的精神品格和文化气韵。

5.尝试写写故事评析。可以帮助发现所阅读的民间故事的多元美，由表及里、由外在的到隐性的、由语言形式到故事内涵的美……对接自己的情感体验，真实评价，评价中再次升华精神涵养。

五、揭示规律，拓展迁移

教师从单元人文主题中判断文学主题的类别属性——确定主题"传承文化精神"——围绕主题设计学习项目（概括对应的文体特征；提升文学审美能力；传承文学精神）——根据项目确定学习目标——根据学习目标设计驱动性问题——根据驱动性问题进行学习实践，达成学习目标，由一种到一类揭示文学主题单元项目化学习开发、设计和运用的规律，拓展迁移到其他文学主题单元的学习，提高学生参与学习的积极性和课堂教学效率。

"取法于上，仅得其中；取法于中，故为其下。"项目化学习要注意让学生量力而行，不要拔高，但又要关注学生的最近发展区，设梯搭架，让学生"跳起来摘桃子"。为了更好地检测学习效果，促进学习，学习过程中和学习结束后要提供学习评价规量表，进行主体多元，评价指标全面、立体、多维的评价，还要让学生充分展示其学习成果。

语文学科项目化学习是从语文学科切入，聚焦关键语文知识和能力，聚焦语文核心素养，用驱动性问题指向这些知识、能力和素养，在解决问题的过程中实施学科与学科、学科与生活、学科与人际融通及拓展，用项目成果呈现学生对语文知识的创造性运用和深度理解。项目化学习能够使学生在一种自主、开放、探究、学习主体相互交融的链状学习中，循序渐进地获得知识，形成能力，养成良好习惯，塑造美好品格，利于培养学生开阔的视野，自主探究和创新学习的能力，是培养人才的有效教学方式，值得进一步探索。

召唤朝气　点燃热情

我经常到教学一线听课、调研，总感觉有些教师的教学"死气""呆气"和"暮气"多了点。有些学生上课时眼神黯然、神色迷惑、情绪低落，"生气""灵气"与"朝气"踪迹难觅。这种现象值得所有同仁深思。虽然形成这种现象的原因是多元的、复杂的，但作为教师的我们，要为改变现状竭尽心力。

一、心中有情

只有满怀教育热情，才能净化心灵，滤去功利，摒弃浮躁，崇尚奉献，拥有"捧着一颗心来，不带半根草去"的高洁情怀，把自己所从事的职业，当作实现人生价值的事业；只有满怀教育热情，才能用心把握教育内涵，探索教育真谛，明白"凡是能增长人的知识技能，影响人的思想品德，提高人的认识能力，增强人的体质，完善人的个性的一切活动，都是教育的范畴"；只有满怀教育热情，才能认真地去把握教育的本质属性，正确理解课程，积极主动做课程的参与者与建设者，并在吃透教材的基础上，创造性使用教材；只有满怀教育热情，才会自觉地、多渠道地学习、借鉴，不断提升、完善自我，使自己的文化底蕴以悦纳"百川"之态，成"大海"之境，使自己的教学技能蒸蒸日上；只有满怀教育热情，才能爱生如子，实施人文教育，天天精神饱满，灿烂如阳地面对学生，对学生的生命价值予以高度的关注和尊重，才能有效滋养学生全面、健康、个性地发展；只有满怀教育热情，才能努力使自己站在"雕塑心灵的艺术"的高度，睿智地开展教学，点燃学生的热情，召唤学生的朝气。

总而言之，只有满怀教育热情，才能树立正确的教育观，不异化教育的本质，才能使自己的教育教学指向精彩，使学生乐在其中，快乐拔节！

二、目中有人

这里的人指的是学生。新课程的最高宗旨和核心理念是"一切为了每一个学生的发展"。我们一线老师，更多的是在执行课程，此时一定要把学生摆于学习主体、发展主体的地位。怎样最有利于学生有效、长足发展，就怎么做，不虚浮，不守旧，立足实效创新教育教学形式。

首先，我们要尊重学生的个性差异。每个人的内心深处都渴望别人的尊重和认同，尤其是发展中的学生。每一个学生都有情感、尊严、个性。"目中有人"，就是要尊重他们，真诚地鼓励、爱护他们。我们要因材施教，尊重学生的个体差异，不拿一把尺子衡量所有学生，要以鼓励为主，不要将学生界定为坏学生、差学生。我们的教育不是去寻求适合教育的儿童，而应在反思教育教学现象中，探索适合与促进儿童发展的教育。要充分了解每个学生个性发展的空间，发现他们身上的闪光点，对其多一些鼓励，少一些斥责；多一些信任，少一些束缚；多一些发现，少一些盲从。允许学生在学习的过程中挑战权威，挑战教师，挑战教材，让每一个学生的潜能发挥出来，使其充分享受学习和成功的乐趣。

其次，我们在教学中要给足学生充分发展的时间和空间，以学定教，顺学而导。我们要营造师生合作、生生合作、自由争先的教学氛围，调动学生主动、积极参与学习，引导学生独立读书、独立思考、独立探索，让学生在老师适时适度的点拨下，自读、自解、自品、自得，让教学成为学生展示自我、提升自我的舞台，使其在"知识与能力""过程与方法""情感态度与价值观"中得到发展。我们甘愿做学生学习过程中的组织者、设计者、指导者和参与者。

每个学生都希望自己是成功者，都期待着收获肯定和赞誉，我们应建立良好的师生情感关系，为学生倾情付出，用爱的甘泉来滋养学生，用爱来呵护学生心灵深处肯定的渴望、赞誉的渴望、创造的渴望。爱在细处，如沐春风。我们要注意在教学中的一言一行，任何一个不恰当的眼神、手势，都有可能化作浇灭儿童思维火花的冰水。尤其是在学生出错，甚至让老师尴尬之时，更应谨言慎行，用爱来包容学生。

总之，目中有人，我们的教学就不会只见教案，不见学生；只见教师，不见学生；只见书本，不见生命。"目中有人"，学生才能生动活泼地自主成长。

三、脑中有智

这里的智，指的是教育的智慧。教育是智慧的启迪，是以智慧之"笔"饱蘸情感之"墨"，促进师生发展的过程。因此，没有教育智慧就无法谈真正的教育。

首先，教育智慧要靠系统的理论支撑。我们既要了解新课程出台的背景，掌握所有课程的共性，熟知主要的、核心的理念，更要悟透自己任教学科课程的理念。这样，教育的实施才能有较为精确的指向，才能用得其所，用出成效。

其次，教学智慧要靠多元的学识来支撑。想当个有智慧的老师，学科底蕴一定要丰厚，同时又不能囿于本学科的学习与提升，历史的、人文的、自然的、地理的、社会的，方方面面的知识，都要尽可能多地猎取。也就是说，教师不仅要在所教学科上"深挖洞"，而且要在其他文化知识上"广积粮"，因为任何学科的知识都不可能是孤立的，如果不广泛学习，教学就会因学识的局限困难重重，问题多多。真正的教育是指向学生心灵的，是塑造人的艺术，是心灵与心灵的沟通，是生命与生命的对话。因此，要做有智慧的老师，还要认真学习教育学和心理学，只有这样才能找到走进学生内心深处的门径，才能找到开启学生情智与灵魂的钥匙。

再次，教学智慧的根是思想。教学智慧不是简单的复制与粘贴，它起于思，源于想。有些老师听了名师的课，心潮澎湃，觉得名师的教学时时处处都充满着智慧，一味盲从。于是乎，把名师的教学流程、教学策略全盘照搬，甚至连说话的腔调、势态、语言也一概拿来，结果，弄巧成拙，教学效果相去甚远。何也？缺乏思考！没有思考自己的教学风格、知识储备、教学技能与名师们的区别和差异；没有思考自己所教学生和名师所教学生的生活积累、知识储备、情感体验、能力基础的不同；没有思考教学资源的差异所在……教学是遗憾的艺术，没有最好，只有更好，教学的圣地永远"在水一方"，在向往与追寻的彼岸。教育之智在反思自己的教育教学行为，思辨他人的教育教学行为中悟得。要想成为一个富有智慧的老师，就必须让"思"与"想"成为一种习惯，在自己的日常教学行为中反思。在每节课后反思教学的成功之处与不足之处，以及形成的缘由是什么。针对问题进行课题研究，在课题研究中进行思考，探索解决问题的有效策略。借助网络学习平台以及其他各种学习的机会，去思考教育的得失成败，及其根源所在。

总之，脑中有智，我们的教学就会不断提升，师生才会得到不断的发展。

四、手中有法

这里的法，指的是教学之法。教学有法，贵在得法。首先必须掌握大量方法，才能运用自己的教育智慧，灵活自如地选择运用最恰当、最有效的方法。如果没有掌握一定量的方法，怎能筛选出科学有效的方法加以运用？新课程强调，在教学的过程中，教师应该是学生学习的组织者、设计者、指导者和参与者。那么，我们就要掌握组织学生学习、设计学生学习、指导学生学习、参与学生学习的方法。针对教学内容的特点、文本特点，根据教学目标以及学情，应该采用实施怎样的教学流程，采用怎样的教学策略？怎么针对学生的个性差异，进行差异性、激励性的展示？应该如何根据学情在学生迷茫处、错处、能力所不及处指导？在学习过程中如何春风化雨般地涵养学生的心灵？这些都涉及方法。手中有法，我们的教学才能深入浅出、因材施教，才能举一反三、左右逢源，才能让学习情趣盎然，欲罢不能！

教学是动态生成、起伏跌宕、变化不定的。心中有情，目中有人，脑中有智，手中有法，才能艺术地处理教学的起伏、快慢、收放、疏密、动静，才能得全体学生的倾情投入，有效召唤出学生的"灵气"与"朝气"！

理性思考 优化小学语文教学

　　小学语文教学是基础教育的一个有机组成部分，是学生参与语文学习的起始阶段。要想提高语文教学质量，在教学活动开展期间，教师就要结合学生心理成长特点有针对性地培养学生的学习兴趣和热情，遵循教学规律对现有的语文教学进行优化和整合，促使教学活动的开展满足学生成长需求，扩展学生知识面，树立学生正确的思想观念，培养学生的语文素养和学习能力。为此笔者针对遵循教学规律优化小学语文教学的研究课题，给出下列分析和建议。

一、语文课堂教学特征

　　其一，情景性。小学语文课程和其他类型课程不同的典型特征便是语文教学情境化。文本与教材均从实际生活出发，按照故事和事例的形式带领学生走进情境之中，学生通过扮演角色与观察分析，展开思维想象，投入在情境内，从而得到一定感知与情感体验。其二，展示性。小学时期的语文课堂教学本质上是语言学习过程，学生在语文课堂上参与听说读写训练，不管是朗读、说话还是阅读、背诵，均是结合语言加以信息传递，展示自我。其三，教育性。语文教学内容比较丰富，学生可以感知文本主旨、解读人物形象，养成完整人格，传递正能量。

二、教学质量影响因素

　　（一）教师层面

　　1.教学思想。部分课堂上依旧表现出传统教学思想，也就是学生按照教师说的内容做事情，淡化学生自主学习的情况；学生胆怯不敢积极表述自己的思想和建议，生怕被教师批评；课余时间师生之间沟通存在障碍，交流缺少感情，这些都是教师教学思想尚未及时转变的结果，因此小学语文教师应该认真分析教学，及时转变教学思想观念，提升科学文化素质水平。

2.教师教育能力。精湛的专业知识是作为小学语文教师的必备条件，因为只有在学科知识足够专业化的前提下，教师才可以得心应手地处理教学内容，因此教师应该在教学过程中不间断地积累和归纳，结合学生心理成长特点渗透心理学知识。现实中，语文教师素质良莠不齐，诸多教师不能有效协调知识传递和时间效益两者的关系，因此即便学生比较努力，给学生提供了更多的学习时间，学生也只是机械化地参与学习活动，较大程度上违背了教学的客观规律，制约了学生的积极成长。

3.教学目标设置与师生关系。语文教师备课的深浅和教学目标制定的合理性会直接关联到课堂教学的有效性，因此，备课应该要把准教学目标，深层次分析教材，以学情研究为基础，挑选科学的教学组织方式，并且书写教案。教师备课认真负责，势必会挖掘更多具备价值的问题，不管是教授法或者讨论法，都会事前进行预设，由此课堂教学活动可以环环相扣，互相协调。关于师生关系，友好和谐的师生关系可以给小学生充足的思维发挥空间，学生和教师关系良好便会存在较积极的学习动力。若学生和教师之间关系不够和谐，在一定程度上学生会生成反感情绪，不利于高效率语文教学目标的获取。

4.教师反思和评价。教师自身具备的反思意识，主要是教师在教育教学中反思的愿望，即教师对反思坚持的内部思想，此种思想带领教师积极进行反思活动。现阶段绝大多数教师课堂反思不够深入，总是将反思视作教学负担，然而若没有深层次反思，肯定会影响到教学的有效性，因此教师应该及时进行课堂教学反思，互相交流教学经验，彼此之间互相学习。针对教师评价，教师给出的教学评价可以促使学生及时明确自身需要改进的地方，换言之教师教学评价能起到一定的激励和导向作用，能引导学生树立学习方向，提高学习成绩。若教师评价倾向于成绩，学生就会对于分数的获取格外关注；若教师评价倾向于能力，学生就会积极参与学习活动，共同合作完成学习任务；若教师评价倾向于学生良好品质的形成，学生就会关注自我品质的养成……可以说，教师在评价过程中，要意识到评价的目的是找到问题，研究问题的生成与发展状况，为后续的教学活动提供指导。

（二）学生层面

因为学生生理条件与成长环境存在差异，学生自身会生成发展方向的不同，学生的学习兴趣和学习态度也会不同，这也是制约教学质量的一个因素。全力提高班级中所有学生的学习效果，是教学有效性的基础条件支持。

1.学生学习兴趣。学习兴趣是学生学习过程的兴奋剂，在较大程度上和教学质量存在关联。学生在课堂上拥有学习兴趣，便会神采奕奕，自觉主动积极地参与到学习活动中，学习效果自然是事半功倍；反之，如果学生对课堂学习没有产生过多兴趣，就自然会分散注意力，甚至对课堂活动产生反感情绪，游离于课外。

2.学生学习态度。学习动机比较积极的学生，往往存在胜任感与充沛精力，以战胜困难为主，坚持不懈，容易激发内在潜能。学习动机不强的学生，在困难面前会表现出胆怯的心理，就算付出努力也不能坚持，严重影响学习效果。

3.学习认知与主动学习参与性。个体对于信息加工过程中生成的心理倾向不同，会导致差异性认知风格现象的出现，涉及场独立与场依存等类型的学生。独立型学生可简而易便地进行环境内物体区分，顺利进行小组学习任务，针对文学和历史的课程学习表现出较大兴趣；与此相反，依存型学生倾向于语文学科的活动学习，积极在课堂上表现。结合教师问题加以小组分析，独立型学生在学习中表现的积极性有所欠缺。针对学生自主化参与的学习活动，缺少学生参与的语文课堂便是缺少灵魂的，教学活动服务于学生，注重学生主体性成长，挖掘学生闪光点，更加全面地提升学生自身的创新能力与智力，有助于弥补以往教学不足，帮助学生完善自我与提升自我。

4.学生人格影响。其一是气质类型不同，每个学生具备的气质均是不相同的，如多血质学生倾向于动手实践和思维转变，在学习过程中可以积极发言，促使课堂氛围更加活跃，然而这些学生往往注意力不够集中，总会走神，对待问题趋于表面化，不能全方位分析问题；胆汁质学生好胜心相对显著，可全方位投入语文学习活动中，热情参与教师布置的任务，尽可能在学习期间战胜困难，但不足是若教师提出比较难的问题，这些学生付出努力尚未得到解决结果，也会加入到放弃学习的行列中；抑郁质学生对学习问题的处理上反应不够灵敏，可是能够对问题进行思索，基于丰富想象力落实教师布设的学习任务。其二是性格类型不同。

性格存在差异是由于某种类型人员身上存在性格特征组合，外向型学生开朗大方，敢于在课堂上发言，总是独立完成教师布设的任务内容；内向型学生比较安静，不愿意和他人沟通，总是一个人在教室中，缺少社会适应能力。但往往学生会在日常学习与生活中呈现差异化性格，在某种情况下表现相对外向，在某种情况下表现得比较内敛。

（三）教学组织形式和教学条件层面

1.教学组织形式。一节课程40分钟，学生可听从教师讲解的时间大约有20分钟，剩下的时间应该科学安排和利用，才可以确保教学活动展现自身价值。现阶段语文教学转变传统教学模式，把满堂灌输替换成合作探究，把机械化学习替换为能力提升、合作学习，使每个学生针对教师布设的问题都会积极探索。常规课堂上教师仅仅是挑选和文本相关的问题加以分析，问题提出缺少目的性，并且学生给出的答案往往是小组成员商量的结果，并非是每个学生动脑筋思索的结晶，导致合作环节转变为教学"走秀"形式。因此，教学手段运用的合理性会影响到教学质量，习题课程上要尽可能选择观察法与体验法，常规课程上要尽可能选择实验法与演示法，阅读课程上要尽可能选择朗读法或者摘抄等，形成多元化设计教学活动的结构体系。

2.教学条件支撑。学校内现有的环境与设施等都归属教学条件支持的范畴，具体来说包含操场、多媒体实验室与图书馆等建设，小学语文课堂教学中学生教师给予多媒体技术的使用与动手操作实践情况也会制约教学质量。学校内现有的物质环境具备一定美育价值，班级温度和色彩搭配等均要适合学生的年龄特征，便于及时提取资料。精神熏染存在于学生学习的每个环节之中，学生在学习期间会不知不觉地把环境中的客观事物转变为自我头脑中的图示，每种图示也在不间断指导学生的行为举止，教师要全面观察学生与掌握学生情绪变化，必要情况下帮助学生调节自身看法。

二、小学语文教学存在的问题

（一）教师思想观念存在滞后性

部分语文教师淡化学生主体地位的凸显，学生在课堂上机械化地参与学习活动，学生学习积极性不高。同时教师过于强调考试成绩，无形中倾向于传统应试教育理念，和新课改教学理念有些偏差。另外一些教师没有形成自主对课堂教学进行反思的习惯，忽视备课、教学过程与教学结果的研究，教学实践中少之又少的教师全面反思自我教学情况，甚至仅仅在公开课教学上实施形式化的反思过程，不利于语文教学效果提升。

（二）教学专业能力需要加强

现阶段部分语文教师自身的语文专业知识相对陈旧化，具备的科研能力不佳，参与科研项目的次数比较少，而教研活动的开展可给教师提出更多新颖的教学观念，便于教师的教学组织能力与教学管理能力提升。实际教学中，教师要保证问题提出具备的目的性与层次性，给学生呈现通俗易懂的问题内容，才可以使得教学活动与学生生活相贴切。另外，一些教师摸不准教学目标，备课环节中没有结合新课改标准开展教学活动，不确定学习的内容与不需要学习的内容，比如低年级教学，教师将过多的时间和精力放在文本问题布设上，而这些问题超越了教学目标范畴，导致低年级学生识字与写字学习时间少，不能取得理想化的教学效果。

如《小河与青草》教学活动，教师给学生提出问题：同学们，请你们想一想，小河与小草两者出现了怎样的事情？他们是怎样互相帮助的？而课堂上比较安静，鸦雀无声，只有两个学生举手，其他的学生基本上没有理解教师提出的问题，这样学生即便回答问题也会感到存在较大学习难度，甚至打消学习积极性。所以教师在备课环节中应该关注学生的理解能力，可在问题提出之前给学生播放对应视频片段，加深学生对文本内容的了解，便于学生更加积极地参与学习活动。

（三）师生关系建立不够和谐

一些小学语文课堂教学中，师生关系的建立不够和谐与友好。沉闷的教学气氛随处可见，且在课堂上积极发言的学生数量也比较少，这些都是师生关系不够和谐造成的。教师应该平等对待学生，以学生朋友的身份接触学生，站在学生的角度上和学生沟通，满足学生成长需求，消除学生对教师的距离感，才可创设和谐友好的师生关系。

（四）学生学习习惯尚未形成

小学语文教学中，诸多学生都没有形成良好的学习习惯，不了解学习的目标，仅仅是知道学习要取得良好成绩，甚至持有父母要求我学习的思想，这些问题会导致学生被动化参与学习过程，不懂得学习语文学科的重要性和意义。并且在课堂上一些学生不懂得怎样进行记录，教师强调的内容记录上，不强调的不会积极主动记录，甚至在课堂上不遵守纪律，不能完全集中注意力，等等。若学生没有形成良好的学习习惯，不只是会影响到学生知识能力的提升效果，还会阻碍学生后续的成长与前进，所以教师要引导学生学会学习，掌握有效学习方式，形成良好学习习惯。

三、优化小学语文教学有效性的思考

（一）提高教师教学能力，完善教学条件准备

1. 关注专业知识技能提升，提高教师教学水平。小学语文教师要善于对专业知识进行储备管理，和社会共同进步，把学习视作快乐的事情，不断增强自身教学水平。如《爱弥儿》《语文教师的专业素养》或者《陶行知教育文集》等，教师都可以从中吸取一定经验，作用在教学实践中，完善自我教学水平。可以说教师教学水平的提升需要教师不间断积淀，教师在日常教学中要多听公开课与示范课，和其他教师一同讨论有效的教学方式，锻炼自身的教学能力。针对性格有些内向的教师，可尝试放开教学声音，循序渐进提高表达能力；对于教学知识经验不够丰富的教师，可在教学中给学生一个眼神或者一个微笑，激发学生的学习主动性，促使语文课堂教学活动的进行变得更加灵活与生动。

2. 组建强有力的师资团队，定期对教师进行培训。语文教师作为教学活动组织者，具备专业化的学科知识与精湛的科研能力，积极影响着教学活动。政府要关注学校师资力量的建设，安排专业化的教师承担教学任务，不要出现一位教师承担多门学科的现象。适当给小学学校配置专业教师，确保师资资源足够充分。在不断培训的过程中，组织教师解放思想，更新观念，通过校本培训与教研培训，

帮助教师整理教学思路，提升教师自身素质。

3.强化教学条件建设，提供有效教学支持。对学校现有的教学条件进行完善，建设完整的教学设施，包含语音训练室或者多媒体教室等，设置时间表，合理安排学生使用，不要把良好的条件浪费掉。小学校还可举办"我是校园主人"的实践活动，检查学校内部环境，给优秀的班级给予"卫生班集体"荣誉红旗颁发，并且适当张贴名言警句以及名人卡，强化精神文化建设。基础素质改革条件下，学校要开展高效的教学活动，保证教和学均具备有效性，两者互相依存，全面服务于小学语文教学活动，提高语文教学质量。

（二）转变教学观念，培养学生自主学习意识

1.更新教学思想，树立学生主体意识。小学生存在较强创造性与可塑性，语文教师应该结合学生现有特征对学生学习能力进行有针对性的培养，关注学生成长，自主参与到学生学习活动中。教师要因材施教，给予个体差异足够的尊重，努力和学生发展为朋友，热爱学生与尊重学生，善于在教学中感受到欢乐以及幸福，关注学生成长。不要淡化学生的学习感受，不可以为了追赶教学进度忽视学生对课堂的参与程度，降低学生在课堂上占据的主体地位。如《狐假虎威》教学中，教师可组织学生细致阅读文本，在学生初步掌握内容之后，鼓励学生参与到角色扮演中，要求学生体会每个动物的语气与神态。挑选几个小朋友，扮演老虎、兔子、狐狸、小鹿与野猪，给学生分发头饰，学生在头饰的吸引之下纷纷举手发言，这时教师邀请座位上的其他学生扮演评委，观察哪个学生模仿得最逼真。在此期间，调动学生学习的积极性，对扮演者进行表演评价，对表现好的学生给出赞扬，对表现不好的学生给出改进的意见，教学中顾及每位学生，能有效提高学生的学习效果。

2.准确定位教学目标，认真备课。小学语文教师精心备课，因为教师备课的深浅会直接影响到教学成效。备课要突破知识中心论的思想，明白知识的教授并不是教学核心目标，教学核心目标应该是在知识传递的基础之上，重视学生自身素质的提升，训练学生语言表达能力和思维创新能力等。语文教育本质是教书育人，文字作为文化媒介以及结晶，教师应当重点关注。备课时，教师要提前预测教学问题，思考到问题生成的情况，探究学生如何解读文本，还要关注教学问题

设计的合理性，保证问题梯度适当，不要超过学生的思维能力，也不要降低问题自身的挑战价值，多给学生留出学习时间，使得学生自主构建知识结构框架，寻找到问题的相关答案。

3.创设和谐平等的师生关系，烘托良好教学气氛。创设和谐平等的师生关系，势必会关联到教学成效。每一个学生都是互相独立的个体，存在一定的情感性与发展性，语文教师要及时转变传统学生观念，师生之间互为亲人关系与朋友关系，由此学生会心悦诚服地加入教师组织的教学活动。针对学生出现的错误，教师要使用关心的语言和学生沟通，温暖学生心灵，责骂会使得学生对课堂学习活动心生厌烦情绪，降低教学质量。与此同时，师生互动不只是体现在课堂活动上，在生活中教师也要多给学生关心和爱护，尤其是特殊家庭结构的学生，教师可以利用课下时间对这类学生进行个性化指导。在上课过程中，教师和学生一同参与游戏活动，在游戏过程中师生一同分享欢乐，学生感受到教师对自己的关心和爱，会自然生发对课堂学习活动的喜爱。另外教师要保证对待学生足够公平，给学生提供自由表达思想的机会，不要强制性要求学生学习，而是要在情感上激发学生，逐步创设和谐的师生关系。

4.评价合理与多元，绽放教学光彩。小学语文教学实践证明，教师要发挥自身的激励作用，综合判断学生的学习过程，明了学生考试成绩仅仅是评价的一个项目，不是全部内容。部分教师难以确保教学评价的合理性，导致评价无法切合实际地对学生的学习状态进行反馈，过于关注学生的学习成绩，淡化学生能力的形成，这是不可取的。因此在教学评价中，教师要全方位了解学生的成长环境与认知能力，采取简洁的语言和学生沟通，还可在作文中通过文字进行教学评价，足够信任和关怀学生，才可以积极引导学生成长。如教学《烟台的海》时，教师可以给学生提出问题：同学们，你们知道烟台的海吗？你们喜欢什么季节的海呢？有的学生会说：我喜欢夏天的海，因为在海边洗澡比较快乐，还可以在沙滩上捡贝壳。教师这时及时给出评价：这位同学回答得真棒！敢于表达自己的心声，将快乐传递给其他学生。在合理评价的基础上，其他学生也会积极发言，打造愉快的学习气氛。

5.布设多样化作业内容，缓解学生学习压力。作业布设要结合教学内容，在挖掘文本内涵的同时创新教育资源，激发学生的想象力与创造力，极大限度上培养学生的思维潜能。如《记金华双龙洞》内容教学，教师组织学生按照文本内容画出描述的路线图，在作业设计上鼓励学生争当导游，带领自己的父母进行游玩；或者在《搭船的鸟》课程学习之后，要求学生回到家中对某种小动物进行观察，书写动物的特征。在此期间时刻关注学生学习兴趣的激发，设计存在实践性价值的课外作业活动，举办"小小书法家"比赛，围绕"母爱如水"的话题进行征文比赛，还可以进行"读书小能手"报告会，总之，语文作业的设计应该体现少且精的特点，不要出现机械化默写的现象，也不要惩罚学生被动进行作业。

6. 及时实施教学反思。教学反思的本质是教师主动性研究，是对教学严谨负责的一种态度，是寻找有效教学的最佳渠道。反思无时不在，不仅可存在于教学活动开始之前，还可存在于教学期间，更可存在于教学完成后。教师应端正反思教学的态度，自主反思自己的教学效果，不要觉得反思是烦琐的。某些情况下反思可以是字词的错误，还可以是方法的使用效果，甚至可以是学生在课堂上的具体表现。课堂上所有细小的问题若没有被实效性处理，会逐步增加，最终转变为特别严重的问题。教师可通过笔记本记录的方式，总结每天的教学情况，包含话语或者方法。还可以是学生创作的作品，由此突破单一化教学的反思形式，赋予教学反思多样性。

7. 优化教学组织与方法。小学语文教师在教学组织方法的优化上，应该站在多元化视角上进行分析，突破以往教授为主的方式与手段，善于选取合作探究模式、小组分析模式与体验教学模式，综合思考对应方法的科学运用。注重小组科学管理，教师布设的问题应该确切，每个学生要确定自身任务，使得学生全身心参与到学习活动中。每个学生都可以积极在小组内发言，轮流代表小组将小组学习成果汇报给其他学生与教师。教师还可结合实际情况指定学生发言，避免出现同一位学生重复发言的情况。在此期间教师引进观察法、体验法或者启发法，激发学生的学习兴趣，在情境教学法的使用上，帮助学生全方位分析学习内容，落实自主化学习模式。在上课之前，可布设存在启发性的教学情境，带领学生走进某个场景中，要善于通过生活中的人物事迹解读文本，分析文本内涵。如《黄山奇松》课堂教学，教师首先组织学生感受文本，朗读文本，了解黄山奇松的特征，鼓励学生积极发言。接下来教师对学生的发言进行及时评价，鼓励学生再接再厉。然后引进多媒体技术，给学生呈现与文本相关的视频和照片，使得学生直观化感受到黄山奇松的特点，对壮丽的景象产生赞美与喜爱之情。在时间允许的情况下，教师可带领学生走到操场中观察松树的特征，安排学生参与小练笔活动，由此学生自然而然会走进美好景象中，投身到对应情境之中。语文教师要多给学生布设生活化学习场景，在体验过程中感受知识，组织学生走出校园观察，启迪学生的写作思维，自主探索与合作互助，获取事半功倍的学习效率。

（三）树立学生的学习意识，增强学生的学习效果

1.秉持正确的学习态度。针对学生自身而言，形成良好的学习习惯会终身受益。上课之前应该组织学生对文本加以预习，通读文本，了解文本内容，同时寻找预习期间出现的重点知识与难点知识，在上课时针对性地明确学习方向与计划，集中注意力加入到学习活动中，完成学习任务。学生应该端正自己的学习态度，在遇到问题时积极提出问题，主动探究，形成和他人沟通交流的习惯，做好有效学习的准备。

2.积极投入活动中。学生对课堂活动的参与程度是影响到教学有效性的一个重要条件，若课堂上仅仅存在一味的教授，缺少学生主动参与，便不能顺利地进行教学活动。学生要主动参与学习活动，举手发言展示自己的闪光点，在回答问题期间训练胆识，增强语言表达能力。语言作为最基础的沟通媒介，应该多说与多练，形成良好的语感，对事物的真伪进行判断，循序渐进地提高自我学习能力。对于课堂合作活动，学生按照一定秩序进行参与，互相帮助积极协作，形成较强的团队思想，一同落实学习任务。

3.团结同学，尊重教师。师生在教学期间互相配合，这是和谐师生关系创设的关键点。小学生应该在学习与生活中尊重和理解教师，将教师视作自己的朋友，尊重教师的职业，尊重教师伟大奉献的精神。教师同样要爱护学生，真诚对待学生，妥善处理好师生关系。

综上所述，小学语文教学中，教师要立足于教学规律，以学生为中心，对现有的教学模式进行优化与整合，加深学生对学习内容的了解，启迪学生思维，帮助学生拓展知识视野，不断推动小学语文课堂教学活动高效进展。

有一种智慧叫引领学生积累

语文离不开积累，就像大海离不开水滴，高山离不开土壤。厚积方能薄发，方能博观约取。因此，荀子曰："积土成山，风雨兴焉；积水成渊，蛟龙生焉；积善成德，而神明自得，圣心备焉。故不积跬步，无以至千里，不积小流，无以成江海。骐骥一跃，不能十步，驽马十驾，功不在舍。"《课标》强调要"丰富积累"。那么，如何引导学生积累呢？

一、培养学生的积累意识

心理学认为，狭义的意识概念指人们对外界和自身的觉察与关注程度。学生语文积累的意识就是指学生对语言文字观察与关注的程度。这种程度的深浅和习惯有直接的关系，习惯越好意识越强，直至成为一种自觉性、主动性很强的潜意识。学生这种积累意识的形成首先基于老师的引领。引领不是强迫与命令，而是春风化雨般的濡染。

（一）在阅读中培养

阅读是学生积累的主要途径，每一节阅读课都要引导学生积累，让积累在阅读教学中成为一种习惯，习惯对一些语言优美或构思巧妙的句段，舍得花时间驻足反复诵读、品味，明其意、会其意、悟其理，在自然而然中内化吸收。

《课标》提倡"少做题，多读书，好读书，读好书，读整本的书"。统编教材也充分体现了大阅读理念，引导老师实施课外阅读课程化。课外阅读也成了学生积累的重要阵地。课外阅读的积累更加个性化：阅读的书目除了共读的，还有很多是自主选择的，阅读的方法是自己确定的。可以让学生用写读书笔记的方法去积累，积累语言，积累表达技巧，定期与不定期地开展读书交流活动。读书笔记不作格式上和内容上的硬性要求，关键是要让学生用自己觉得有意思的，用自己觉得合适的方式表达出来，坚持不懈，借助课外阅读，达到积累"锅底熏"的效果。

（二）用课前 5 分钟培养

除了阅读教学中要注意养成积累的好习惯，平时的零布头时间也要充分利用起来。上海进才实验学校有一种做法很值得借鉴：语文课课前 5 分钟讲演。这 5 分钟，可以是名家名作的介绍；可以是趣味知识推介；可以是人文典故的推送；可以是阅读感受的分享；可以是游玩快乐的抒发；还可以是心中疑问与困惑的表白；可以聊电影电视；还可以评论时政。"课前 5 分钟"讲演，贵在坚持，不能"三天打鱼两天晒网"。久而久之，学生对"课前五分钟"活动可能会失去兴趣，甚至产生厌烦心理。因此，必须采取一些生动活泼的措施，比如让学生作为主持人，组织大家认真倾听、评价，在此基础上评出每周或每月的"博学星""进步星""幽默星""讲演家"等等，设法保持学生的热情，持之以恒、热情高涨地参与活动。

"台上一分钟，台下十年功。"台上 5 分钟内容是"博观约取"的呈现，它能促进学生积极涉猎、筛选、吸收、梳理相关信息。也就是说学生能在"课前 5 分钟"讲演任务的驱动下，更为积极主动地进行积累，从而养成积累的习惯，逐渐强化积累的意识。

每天的语文课就是三四节，一周不超过 15 节，而班上的学生一般有三四十人以上，平均每个学生一周一次都轮不上，这种任务驱动对每一个学生而言就不可能常态化。怎么解决这个问题？每个"课前 5 分钟"临时抽签确定上台讲演，这样，每个学生每天，甚至每节课都有可能要上台，"课前 5 分钟任务的驱动就能真实作用于每个学生的每一天"，让"观察、学习、积累"行为真实发生在每个学生之中。

（三）旅行也是培养的好策略

旅游往往是因为一种神秘感驱使对诗意远方产生向往。王崧舟老师说："旅行的意义，一半在路上，一半在目的地。旅行，不是单纯让孩子去享受的。"家长和老师要充分利用学生的好奇心，通过让他们以主人翁的角色去确定旅游的时间，选择旅游的地点，制定旅游的攻略，促使他们去交流、沟通、了解、阅读、提取信息、梳理表达，进行有效积累。

旅行的过程中，很多景物会给学生带来全新的感知和体验，鼓励学生将其拍摄下来，结合景点中已有的文字介绍，给照片配文，利用前面所说的"课前5分钟"，在班上交流分享，或者以"简书""美篇"的形式分享给大家。

旅游景点都会有图文并茂的介绍，文字的介绍突出景物的特点，既有说明文体的特点——语言干净凝练，又有散文和诗的特质——韵味无穷，要引导学生关注。游览前或游览后，可以比照着欣赏名家的相关美文。比如，游览完"都江堰"，可以读读余秋雨先生的《都江堰》。余秋雨在此文中发表了自己的观点：都江堰实实在在地占据了渺远的时间，至今还在为无数的民众输送汩汩清泉；它成就了四川平原"天府之国"的美誉，庇护和濡养了灾难之时的民族；它细细浸润，节节延伸，如一位低调的乡村母亲，只知奉献；它是郡守，手握长锸，守卫着神圣与伟大，守卫着世代绵延的精神气节……让学生对照景点去读去悟，在积累语言的同时发展思维，提升认知能力，涵养品格。

二、引导学生积累要讲究技巧

《孙子兵法》云："求其上，得其中；求其中，得其下；求其下，必败。"唐太宗在《帝范》卷四中也有类似的说法："取法乎上，得乎其中；取法乎中，得乎其下；取法乎下，则无所得。"以史为鉴，能知兴替，明得失，悟道理。凡事得讲究方法去做，方能事半功倍。技巧是指巧妙的技能，是基本方法的灵活运用。技巧不像技术那样可以名状，可以传授，它需要实战中的应变机智，它是方法与技术的上位，讲究的是熟能生巧。因此，讲究积累的技巧，始于讲究积累的方法。《课标》指出："语文是实践性很强的课程，应着重培养学生的语文实践能力，而培养这种能力的主要途径也应是语文实践。"积累是一种语文实践的能力，这种能力的培养要在语文实践中形成。因此，积累的技巧，基于语文学习，更主要还是基于阅读。综上所述，积累的技巧主要依赖于阅读中一种种积累方法的习得。这里主要讲的是如何依托阅读教学来引导学生讲究积累的技巧。

（一）用课堂增容的方式灵活积累

顾名思义，"课堂增容"就是增加课堂容量。立足课文教学，根据学情和教学目标，相机用穿插、组合、链接、熏染主题等等方式，在理解课文内容的同时，进行有广度、有厚度、多角度的积累。

1.主题性拓展链接，让积累更有广度

一般意义上来说，"主题性学习"指的是学生围绕一个或多个经过结构化的主题进行学习的一种学习方式。这里的"主题性学习"中的"主题"指向表达的内容，指的是"话题"，或者说是"表达的对象"。这里所指的"主题性学习"，就是相同话题或相同表达对象的文章关联在一起，形成一个整体进行学习。

例如，统编教材五年级上册第六单元第 18 课是《慈母情深》，节选自著名作家梁晓声的《母亲》。这篇课文的教学要以单元语文要素为抓手，让学生在场面和细节描写的品评、体味、涵泳中充分感受母爱的伟大和深沉，学习并内化吸收。通过场面和细节学习表达人物品质的写作方法。然后整合学习孟郊的五言古体诗《游子吟》、老舍先生的《我的母亲》、史铁生《秋天的怀念》和歌曲《天耀中华》……

《游子吟》的学习，要引导学生边读边想象画面，与作者一道回忆母亲为临行前的儿子缝衣的场景，感受深沉母爱真挚而自然的流泻，学习采用白描手法，借助场景的回忆表达母爱的方法。

老舍的《母亲的爱》，像一幅幅关于母亲的生活画卷，让学生走进这画卷里，在生活的点点滴滴中感受"母亲"的仁爱、宽容、勇敢、坚韧的品性，学习"于平凡中彰显非凡"的表达技巧。

史铁生用散文《秋天的怀念》表达了母亲坚韧、顽强的爱与生命，也表达了"我"对母亲的深情怀念。这篇散文的场景描写也非常感人，而且还用了对比、反衬的写法——母亲也生病了，但她强忍病痛，设法抚慰"我"，面对"我"的狂躁无常，不但没有责怨，而且总是用柔情、用行动化解"我"的痛苦。让学生涵养品格的同时，习得写作方法。

唱唱读读由何沐阳作词、谱曲，许明编曲，徐千雅原唱的歌曲《天耀中华》，在优美的旋律中，在磅礴的气势中，在真挚的爱国情感中，积累词语、学习表达。

2. 比对思辨让积累更有维度

语文以母语为中心，是思维与表达的工具，是一门科学，也是一门艺术，因此，语文的积累应该是多角度的。基于言语材料的思辨，能凸显言语材料各自不同的特点，利于丰富积累的角度。

比对思辨中明白：同一个意思往往可以用不同的语言表达。例如，可以将民间故事中的语言和散文中的语言进行比较，感知民间故事因为是口耳相传的大众文学，所以语言相对更通俗易懂，明白"语言风格根据表达需要来选择"。

在比较思辨中感悟：同一内容往往还会采取不同的表达手法。例如同一块土地，都是为了表现它的肥沃，有人用白描的手法写道——这是一块十里八村最肥沃的土地，这块地里的庄稼年年好收成。另一种表达"这块地呀，把一根车杆种下去，准会长出一辆马车来"，这一夸张表达的效果就完全不一样了。

在比较思辨中懂得：同一主旨的表达，文章的体裁样式也有不同。同样是表达时间匆匆而去，朱自清先生在《匆匆》（统编教材六年级下册课文）中，用散文的形式予以表达。古诗词里不乏感叹时光之匆匆的作品，如宋末蒋捷《一剪梅·舟过吴江》中的"流光容易把人抛，红了樱桃，绿了芭蕉"；再如南唐李煜《相见欢·林花谢了春红》中的"林花谢了春红，太匆匆"；又如宋朝晏殊《采桑子》中的"时光只解催人老"……

在比较思辨中明白：即便同一体裁表达同一内容，因为阅历、认知不同，表达的观点、作品的风格可以不同。比如，涉及秋的古诗词，大多将秋当作"萧瑟""悲伤"的意象，而刘禹锡的《秋词》却一反常情："自古逢秋悲寂寥，我言秋日胜春朝。晴空一鹤排云上，便引诗情到碧霄。"以其最炙热的情感，以明朗轻快的笔调，谱写了一曲秋天的赞歌。

3.在追问深思中加强积累的深度

明代学者陈献章认为："学贵知疑，小疑则小进，大疑则大进，疑者，觉悟之机也。一番觉悟，一番长进。"真正意义上的学习，一定是带上思想，会发现，善质疑的积累不在于灌输式的接受，而是在内在驱动力作用下的主动学习。

我们先来看看王崧舟老师在《圆明园的毁灭》教学中是如何引导学生在追问探究中感悟积累的：

一问：读了课文的开头，你知道了什么？

二问：作者开篇连用两个"不可估量"，你读了心情怎样？

三问：读了课文最后一节，你又知道了什么呢？

四问：除了文章的开头和结尾，你还知道什么？

五问：关于圆明园你还知道了些什么？

六问：这把火烧毁了什么？

王崧舟老师用问题驱动学生的学习，以"不可估量的损失"为切入，层层深入展开教学。第一问和第二问，紧扣"不可估量的损失"读出情读出味，读中渗透积累词句。在第一、二问学习的基础上学习第三问，学生水到渠成地明白：第一自然段概述圆明园的毁灭是中国乃至世界文化史上不可估量的损失，与最后自然段"我国这一园林艺术的瑰宝、建筑艺术的精华，就这样化成了一片灰烬。"形成首尾呼应。学生可以在潜移默化中学习积累这种表达方式。第四、五问的学习，王崧舟老师巧妙扣住七个"有"和"……"进行品读拓展，真正理解"圆明园是万园之园，是建筑艺术，是园林艺术的瑰宝"，真正理解什么是"辉煌"，什么是"不可估量的损失"。关联第三问的学习，王崧舟老师不露痕迹地引领学生积累一种写作方法 ——对比，并让学生感受到对比这一写法能突出表达效果。第六句的学习思考，走向了文本核心要义的学习，使学生明白：文章，必须有更深层次的内涵。

我们再来看统编教材五年级下册中的《猴王出世》这篇课文的教学，就可以引导学生在追问中，在"打破砂锅问到底"的逐层深入的探究中，用深刻的思维对接积累，增加积累的厚度和内涵。首先思考问题：为什么在第一回写石猴非同寻常的出世？任务驱动下，学生前后关联地阅读《西游记》的其他回目，知后面的故事和孙悟空有关，与其神勇智慧关系密切。明白正因他"盖子开辟以来，每受天真地秀，日月精华，感之既久，遂有灵通之意"，才有过人的勇气和智慧。在理解内容的同时，学习写文章如何埋伏笔、做铺垫。然后追问：《西游记》中的哪些故事体现了孙悟空的神勇？链接《西游记》整本书的阅读，走进故事情节，感受孙悟空的神勇，积累依托事件，运用具体的场景和细节描写人物特点的表达技巧……然后追问：书中的哪些角色喜欢孙悟空？社会中的哪些人最怕孙悟空这样的人？

像中国四大古典名著这样的章回小说，或是层层深入、内涵丰富的文章，或是有很多相关的隐形信息的文章，都可以用追问探究的方式引导学生进行深度积累。

三、加强运用，活化积累

积累是手段，运用是目的。老师要引导学生在积累的运用中，培养语感、发展思维，全面提升语文素养。

从某种意义上来说，阅读是输入，是积累的过程，表达是输出，是运用积累的过程。积累和表达是一机双翼、一体双面，相融与共、相得益彰。表达有书面和口头两种形式，要两相兼顾。

1.在习作中运用。统编教材三年级上册（含三年级）有专门的习作训练单元，普通单元也有形式多样的习作训练，有的在课后练习中出现，有的在单元习作栏中出现。老师还可以在教学过程中，自主设计习作练习。以句带句、以段带段、以篇带篇借鉴模仿，个性飞扬自我创作，在灵活多样的方式中运用积累。

2.在"字词句运用"或"词句段运用"中活化积累。统编教材《语文园地》中的"字词句运用""词句段运用"也是指导学生运用积累、活化积累的好抓手，要精心设计，巧妙引导。这两个栏目的学习运用，可以随文，也可以单立，可以用书面表达形式，也可以用口头表达形式。

3.在"口语交际"中运用活化。教材中的"口语交际"栏目，是引导运用积累的好平台。"口语交际"需要应对情境，礼貌得体地在互动交流中表达；需要以理服人，以情动人，需要一定的词句积累储备和表达方式的积淀。口语交际是双向或双向以上的。如果交际情境或内容允许的话，可以根据交际的角色不同，将学生分成不同的团队进行比赛，亮出评价规量表，看哪一个团队胜出。学生个个争强好胜，老师就可以借助学生的这种心理，以"口语交际比赛"为诱饵，赛前进行一波积累储备"大调度"，以此活化积累。

4.在生活中运用积累。生活即语文，语文即生活。树立大语文观，学生能在更多、更广阔的语文实践活动中，更为有效地提升语文素养。语文的积累和运用从属语文素养。著名特级教师张孝纯认为"大语文观是以课堂教学为主体、以课外活动和语文环境为两翼的教学模式"。生活也是语文学习的环境。生活有学校生活、家庭生活和社会生活，作为学生，主要是家庭和学校生活。老师要跟家长取得联系，家长应主动作为，努力和老师、孩子一起做"语文人"。

引导学生积累需要智慧，智慧是用行动走出来的，是历练出来的。

同课共构与同课异构双轨并行
优化统编教材的使用
——小学语文统编新教材视野下校本教研的有效模式

2019年秋季，小学语文全面使用统编新教材。新教材传达新思想，传递新理念，要求有新作为！虽然各级培训力度很大，但教学知易行难，教材的理解与运用之间有很大差距，甚至会出现难以逾越的鸿沟，因此，新教材"上线"了，问题也跟着"上线"了。新教材使用破冰期，问题潮涌而来，如果任由问题滚雪球，会让不少老师畏葸不前。如何让每位教师积极应对新教材使用的问题？如何让困难有效化解？这些问题迫在眉睫！教研得驭势而行，我思考，我求索……

张祖庆老师《同课同构·同课异构·异课同构——磨课三部曲》中的教研经验启发了我，北京小学万年花城分校的有效校本教研启迪了我。于是我既借鉴，又创新，和学校领导、老师一起推行"小组同课共构，大组同课异构"的校本教研。"新东方"总裁俞敏洪现身说法"要想事业成功，就要寻找到适合的伙伴和志同道合的帮手"，我们推行的"小组同课共构，大组同课异构"，同构与异构有机结合，促使全体老师积极参与教研，力求做到"对接新教材""守正创新出亮点""务实笃行出实效"，打破教师思想、心态、知识、能力的壁垒，让老师们走出了自己思想的城堡，以一种开放、锐意精进的精神姿态，融入事业之中，在切磋交流、对话商讨中，成为互为帮手、有效成长的共同体。

一、小组同课共构。

"小组同课共构"是一种融合共进的教研。学校每个年级的学科备课组为大组，每个大组分成若干小组，三至五位成员为一小组。研究基本流程为："集体备课，形成教案——第一位成员执教，小组集体反思，改进教案——第二位成员执教，小组集体反思，改进教案……"每个内容的研讨，每位成员都要进行课堂演绎。

"小组同课共构"主要解决以下问题。

第一，教材解读的问题。人教社陈先云主任强调"解读好教材，有效的教学才可能发生"。各小组遴选一名组长，组长召集成员解读。解读步骤一，解"单元导读"，单元导读与单元教学，犹如雷达与飞机、灯塔与航船，从"单元导读"中掌握"人文主题"和"语文要素"，才能有效开启整个单元的教学。比如五年级上册第三单元，"单元导读"明示了整个单元要落实的阅读要素是"了解课文内容，创造性复述故事"，习作要素是"提取主要信息，缩写故事"。把握好，教学才能保位不越位。解读步骤二，析课文。首先老师自己沉浸式阅读，注意文字的外在形式和内在意蕴。其次站在编者的角度，结合单元语文要素思考其教学价值。更重要的是，要站在孩子的角度，用孩子的视角去读，用孩子的心灵去体悟，依据孩子成长需要，取用教学内容，判断教学重难点。每篇课文要结合课后练习、文前阅读提示以及话泡去解读。因为这些都是编者用心编写的，蕴含着教学智慧。步骤三，活用"口语交际""习作"和"语文园地"。尤其要注意"语文园地"中的"交流平台"。"交流平台"是对整个单元学习策略、方法的总结和提升。比如，五年级上册第三单元的"交流平台"围绕语文要素"创造性复述故事"梳理了三种方法：把自己设想成故事中的人物，以他的口吻讲；大胆想象，为故事增加合理的情节；变换情节顺序，先讲结局，设置一些悬念吸引听众。这三种方法是保底的，所有孩子都要去学习与练习，创造性复述故事的方法远不止这些，能力够得着的孩子可以自主去运用。步骤四，单元统整、前后照应。剖析单元内各项内容是如何围绕语文要素组织编排的；看前后册次、单元相关内容的序列。在"单元统整、前后照应"中把握前学后续，为教学定下准星，取用"弱水三千"中的"一瓢"用于教学，形成教案。集体解读教材，能避免因个体的狭隘导致教学行为疏离课程核心与教材价值。

第二，备课的问题。新教材刚铺开使用，不断有问题冒出来，单打独斗备课，可能会感到荆棘重重，尤其是刚出道的年轻教师，会挫伤锐气，怀疑自己的从业能力，内心便会萎靡，行为就会乏力。如果课堂教学是织布成衣，那集体备课就要寻求优质的纱，并切磋好织布成衣的技术。在新教材使用起步阶段，一个学期借助一两个单元的集体备课，旨在让老师学法得能，举一反三地运用于自己的教学中，从而增加底气、提升能力、抛却恐惧、增强自信，因此，集体备课，重在引导老师如何借助一粒沙，看清沙的世界、沙的天堂，使其学会站在文本、学科课程目标、编者、教者多个角度去辨析教材的形式，探究教材编写的动因，从"显"到"隐"解出教材的本质要义、教学的价值，探究出实现价值的路径，将教学推向课程本质。

第三，老师教研掉链子的问题。统编新教材全面铺开，每位语文老师同样的担当，同样的使命，因为都有同样的"一亩三分地"，家长、学生、国家给予每一位老师无限的信任。心理学家研究表明"惰性是人类最常见的陋习，是人性中最可怕的敌人"。平常的教研往往会流于形式，没有上课任务的老师不一定那么积极地投入，有的甚至还有点"事不关己，高高挂起"的味道，听课时想听就听，想听多少就多少，发言时动动嘴皮凑份子。这里的"小组同课共构"，牵动了每一位老师，因为都是小组成员，每个内容的"共构"都得登台亮相。讲台是老师要面子的地方，于是主动也好，被动也罢，都会认真去思考吸纳。长此以往，这主动与被动中的思考与吸纳，就会成习惯、成自然，这样的习惯与自然必将转化成能量，能量加持，兴趣随之提升，动力跟从加码，假以时日，就能如帕尔默《教学勇气》中所言：在事业力量的召唤下，大家成为一个共事切磋，心灵升华的共育、共生、共长、共成的共同体。

二、大组同课异构

"大组同课异构"基于"小组同课共构"，而且将后期的"小组同课共构"融合其中，是一种非常好的长善救失、互学共赢的教研。俞敏洪老师说："要把事业做成功，就要想办法把事情有条不紊地进行下去。"因此，我们确定了基本流程："各小组抽取老师执教，呈现'小组共构'成果——大组集体反思，比较中查摆问题，提出各小组改进建议——'小组共构'，各小组解决问题，优化教学——各小组抽取老师执教，再次呈现'小组共构'成果——大组集体反思，比较中查摆问题，提出各小组改进建议……"根据需要，可以多次往复。

叶圣陶先生强调，教学应是教学生学，同理，教研应该是老师学习教与研。

张祖庆老师说得对："同课异构关键不是'看点'，更重要的是要从'看点'中去'看见'。"看见"隐"在现象之下的本质，用新的课程观，用智慧和心中的光芒去看见。一次，我们"大组同课异构"《猎人海力布》的教学。发现在引导学生了解民间故事是"老百姓讲的自己的故事"这一特点时，有的小组代表是生硬告知学生，有的小组代表是引导学生关注课文第一页左下角标示" 由甘珠尔扎布整理"，在区别"整理者"和"作者"两个概念中去明白。我引导大家对这两种做法进行比对、思辨，从而受到启示：阅读教学，要尽一切的可能，让学生自己从语言实践中获取信息、形成认知。再如"酬谢"一词的教学，有一小组代表在教学时，认可了学生"酬谢就是感谢"的理解，而另一小组的代表对学生同样的理解进行了引正："'酬谢'是用金钱或财物表示谢意。"后者获得了老师们的赞赏。我将老师们的思维引向深入：这个词语的教学是否还有延展的空间？片刻的安静之后是激烈的讨论，讨论有大收获：可以追问"这里是指谁酬谢谁？用什么酬谢？"诱发孩子的阅读期待，继而读文寻求答案，而后以答案为信息，引导孩子概括故事情节，落实"提取信息，缩写故事"这一语文要素的训练。再追问"海力布为什么选取这块宝石？"引导孩子基于对文章的思考，品悟海力布的美好心灵。接着用问题"后面可能发生什么事情？"引导孩子猜想，学习运用边读边猜想的阅读方法。这样一来，大家大受启发：关键词语蕴含丰富，以它们为教学点切入，往往能"牵一发而动全身"。就这样，我们在一次次的"大组同课异构"中发现问题、探究问题的本源，生成教学的智慧。

实践是检验真理的唯一标准。我们的"小组同课共构，大组同课异构"让全体老师的思想和行动有机结合起来，不断形成新的教学认知，认知在一次次的实践中开花、结果，形成真知灼见，助力能力提升，使全体教师从"教书匠"的藩篱中走出来，以仰望星空的精神风貌，践行统编新教材的使用。

教学机智有出处

教学机智是教师在复杂、微妙、不可预期的，甚至是突发的教学情景中，对问题和现象迅捷作出准确判断，并能果断决策的能力。教学机智有时体现在教学的起合转承的"大处"，有时细微得仅仅只是一个眼神、一个动作、一句轻柔的话，但是是那么贴切、得当，为教学"画龙点睛"，点亮教学，点燃教学的魅力，提升教学实效。

机智是在不确定的教学环境中呈现的，是因环境之变而变的策略和行动，因此它不可能固化成一种可以直接传授的模式和成套的技巧。它是积淀丰厚，美好品性的使然，它出神入化，无招胜有招。机智无法直接授予，因为"当你试图把机智当作技术交给别人时，那已经不是机智了"。但机智形成的因素和条件可以通过观察分析得知。作为教学的机智，教师可以根据其形成的因素或条件，有意识地进行相关的学习、实践，历练而成。

一、文本的解读要讲究深度、广度和厚度

赞科夫说"为了顺利地完成自己的任务，一个教师应当掌握深刻的知识"。"深刻"意味着对教材不能只是了解、知道，而应该是拉开广度、丰富维度、立在高处地读厚、读宽、读透，达到心领神会的程度。解读文本，首先要准确把握文本的语言形式，读懂语言形式之下的文本内涵，再关联相关的资料，让思维走一步，走一步，再走一步，直至洞见文本价值的精髓内核，与作者进行深度对话，对文本心领神会。"科学的秘密就在于把复杂的东西演变成为若干简单的东西去做。"我们的教学何尝不是如此？我们讲究一课一得，得什么呢？这里"简单"不是随性、随意的，而是在纷繁的信息中，进行甄别、筛选、提取，优化组合有用信息，是经过艺术处理，精良化了的，化繁为简、省时高效的教学。解读文本首先要赢取"弱水三千"，然后思考"取其一瓢饮"的那"一瓢"在何处，如何

"取"？如何"饮"？有备无患。只有充分解读文本，教学方能开合自如、左右逢源。否则就会捉襟见肘，陷于被动，教学忙乱，甚至错误都在所难免。

如统编教材一年级上册中白居易的《池上》。

池　上
【唐】白居易

小娃撑小艇，

偷采白莲回。

不解藏踪迹，

浮萍一道开。

显而易见，这首诗写的是一个小孩儿偷采白莲的情景。在一位老师的公开课中，在学生交流对"小娃"的印象后，归纳道：是呀，虽然小娃去偷人家的白莲，但看到他那"不解藏踪迹"的幼稚和活泼可爱的样子，谁也不忍心责骂。童言无忌，老师话音未落，有个学生"噌"地站起来说："老师，小娃不一定是偷别人家的白莲，可能是偷自己家的。"老师面露难色，想赶快把话题岔开："自家的东西哪能算偷呢？"这孩子不依不饶："我就偷过我家地里的红薯，因为家里大人不让我挖。"老师"哦"了一声就急急往后走了。这是一首写孩子的诗，让孩子用自己的体验去阅读，读出古诗蕴含的情趣多好呀。执教教师为什么不能用智慧去对接，抓好生成优化教学呢？究其原因有二：一是没有用儿童的视野去理解、解读文本中的"偷"字，这里的"偷"和成人的"偷"是不同情味的，这里的"偷"不是指向品性，指向的是孩子的好奇、活泼可爱；其二，没有注意古诗的文体特点——诗无达诂，古诗语义非常丰富，给了读者很多想象、个性的空间，实中有虚，虚中有实，虚实相生。

《秋天的雨》是统编教材三年级上册的一篇课文，写秋天的颜色有这样两句话：

"你看，它把黄色给了银杏树，黄黄的叶子像一把把小扇子，扇哪扇哪，扇走了夏天的炎热。它把红色给了枫树，红红的枫叶像一枚枚邮票，飘哇飘哇，邮来了秋天的凉爽。"

有位教师在执教时，让学生在读中发现这是比喻句，强调"比喻就是打比方，抓住事物的相似之处，用熟悉的事物来比喻陌生难懂的事物"，然后要求说说这两个比喻句分别把什么事物比作什么事物。突然有个学生站起来说："老师，银杏叶的样子像扇子，但枫叶也像扇子而不像邮票。"教师一时不知如何应对，因此把"球"踢了回去："那你觉得应该怎么说合适呢？"那位同学说："它把黄色给了银杏树，把红色给了枫树，黄黄的银杏叶和红红的枫树叶，一起扇呀扇呀，扇走了夏天的炎热。"教师为同学点赞，并带领同学报以热烈的掌声，继而转入下一环节的教学。为学生点赞没错，因为勤于思考是一种非常美好的品质。但这是一个非常有意思的语用教学点，可惜因为教师解读文本不到位，滑过去了。"你看，它把黄色给了银杏树，黄黄的叶子像一把把小扇子，扇哪扇哪，扇走了夏天的炎热。"本体和喻体相同的是形状：银杏叶确实长得像一把把小扇子。"它把红色给了枫树，红红的枫叶像一枚枚邮票，飘哇飘哇，邮来了秋天的凉爽。"本体和喻体相同的是意义指向："邮票"是用来传递讯息的，"枫叶红了"也在传递讯息——秋天来了，天气凉了。两个比喻，从形到意，衔接自然，跳转灵活，这就是语言变换的魅力。我们再把改动后的句子替换原句子，放入段落，甚至篇章语境中进行比较，就会发现，改动后语言缺失了形式的美和内涵的美。

课文段落：

秋天的雨，有一盒五彩缤(bīn)纷的颜料。你看，它把黄色给了银杏树，黄黄的叶子像一把把小扇子，扇哪扇哪，扇走了夏天的炎热。它把红色给了枫树，红红的枫叶像一枚(méi)枚邮票，飘哇飘哇，邮来了秋天的凉爽。金黄色是给田野的，看，田野像金色的海洋。橙红色是给果树的，橘子、柿子你挤(jǐ)我碰，争(zhēng)着要人们去摘呢！菊花仙子得到的颜色就更多了，紫红的、淡黄的、雪白的……美丽的菊花在秋雨里频(pín)频点头。

> 读到这里，我理解了"五彩缤纷"的意思。

改动后段落：

秋天的雨，有一盒五彩缤纷的颜料。你看，它把黄色给了银杏树，把红色给了枫树，黄黄的银杏叶和红红的枫树叶，一起扇呀扇呀，扇走了夏天的炎热。金黄色是给田野的，看，田野像金色的海洋。橙红色是给果树的，橘子、柿子你挤我碰，争着要人们去摘呢！菊花仙子得到的颜色就更多了，紫红的、淡黄的、雪白的……美丽的菊花在秋雨里频频点头。

作者原本是一种颜色一种颜色写过来，改动后却破坏了这种表达风格，句式显得比较杂乱，还有枫叶原本是"飘呀飘"，是在空中的舞蹈，和"扇呀扇"是两种不同的动态不同的美。如果教师解读文本到位了，就能做到心中有本，手中有法，引导学生去联想、比较、品评、思辨，感悟语言精妙的同时，习得语言运用的能力，提升审美情趣。

二、对学生的错误要用爱去包容

"没有爱就没有教育。"师者应以情育人，以爱化人。没有爱就没有教育的激情，教学智慧也就没有生长的土壤。教育的本质是生命的摆渡，是教师用生命摆渡学生的生命，因为学生是成长中的人，为师者有责任和义务引领学生的生命不断向着丰富、美好、高贵发展，为学生的生命注入时时渴盼出发的激情和向远航行的动力。

学生的成长伴随着"失误"与"错误"，教师要以常态的心理对待这种常态的现象，要容得下学生"失误"的沙子，要有海纳百川的胸襟接纳学生的"错误"。一位张老师借班执教二年级的课，那是一节面对全县开放的公开课，课中教师让学生用"一……就……"这对关联词语造句，有个学生不假思索地站起来，故作正经地说："老师，我今天早上一拉下裤子就拉屎。"然后还冲着旁边的同学做了个鬼脸，引来哄堂大笑。这同学是故意捣蛋。张老师很冷静，哄笑声停止便回应道："你说的这种现象，在很多人身上都发生过。用语言描摹生活，没有毛病。老师看你反应那么敏捷，一定是个爱动脑筋的孩子，能不能接受老师的挑战？"在场所有老师和学生的目光都聚焦在他身上，他接受了挑战。结果他从天空到地面，从湖泊到陆地，从人到物……用这对关联词从八个不同的维度说了八个句子，而且在师生点评中越说越具体，越说越美，最后他在赞扬声中入座。课后，我与这位教师交流，我问他："你为何改变预设，在这个孩子的问题上驻足那么久？"张老师说："不是说'教师是人类灵魂的工程师'么？这不应该只是贴在墙上、挂在嘴上的一句口号，教育塑造学生灵魂的功能应落实在教学中。这个孩子捣蛋背后肯定是有原因的，先给予他尊严，为他在同学中树起威来，待会我去找他谈谈心，看看这背后到底是什么状况。"后来张老师了解到了孩子情况：留守孩，寄住在亲戚家里，总感觉亲戚对自己的孩子和对他是截然不同的态度，因为缺乏监管，学习态度又不好，所以得不到同学和老师待见。张老师还跟带班老师进行了交谈，班上同学和老师改变了对那位同学的态度，那位同学日渐进步。张老师的教学智慧就是爱的播撒，就是从爱生如子的美好心性出发的。

三、教学机智来自坚持不懈的"三耕"

周一贯老师说："教师发展离不开三耕——舌耕、目耕和笔耕。""你若芬芳，蝴蝶自来。"教学机智讲究的是久久为功，"三耕"不辍，教学机智自然而成。

"舌耕"就是指上课。有老师会说："我天天上课，不是勤于舌耕吗？怎么教学的机智不太见长？"这"耕"是要思想与行为共耕，用思想指导行为，用行为验证思想，乐此不疲，每一次教学都要朝圣般虔诚以待，尽心而为。叶澜教授指出"教师写一辈子教案不可能成为名师，写三年教学反思，就有可能成为名师"，这成了名师们的共识。教师要善于从自己、他人的教育实践中反观教学的得失，要善于通过教学案例、教学故事或教学札记来提高教学反思的质量，生成教学智慧。

"夏虫不可语冰""井蛙不可语海""盲人不可语光"，每个人都有自己的局限性，因此，在"舌耕"的过程中，要"海纳百川"般吸纳他人的教学智慧。近六七年来，北京小学万年花城分校每年都会有老师送教至于都，他们的老师素质都很高，课都上得一流棒。其中的原因固然诸多，有一个教研方法值得借鉴——同课共构。我在我们县里的有些学校进行了尝试，以年级备课组为单位，按照下面的流程进行：确定教学内容——所有老师独立备课——集体备课——抽签确定第一次上课人员——上课——集体评议——完善教学——抽签确定第二次上课人员……就这样一节课的教学进行三次以上的观摩与研讨，每一次研讨大家都很认真，因为抽签确定上课人员，谁都有可能要上，改变了惯常教研只是少数几个人唱主角，其他教师游离其外的现象，大家能相互启发，进行智慧的碰撞、启迪和融合。这样的研讨模式之后老师们发出感言：集体高质量的教研，让他们的教育思想成长得更快。

"目耕"指的是阅读。阅读是与智者交流，与大师对话，是纯粹的、放牧心灵的精神之旅，是一个不断吸纳，不断丰富自我、成就自我的过程。杨绛先生说："读书好比串门儿——隐身的串门儿。"翻开一本书就走进了一扇门。不一样的书，门里的风景不一样。每本书里都有别样的语言、思维、审美、文化智慧……它们如宇宙气象，像天地万物，涵养阅读者的灵性。莎士比亚说："智慧中没有书籍，就好像鸟儿没有翅膀。"可以说我们的语文教学里没有阅读就没有真正的智慧。"语文是最重要的交际工具，是人类文化的重要组成部分""工具性和人文性的统一是语文学科的基本特点"（《课标》）。语文课程涉及的内容是广博的，除了语言本身，还有政治、历史、地理、天文、人文等等，可以说是"包天下"。而且教学是与时俱进的，新的资讯不断涌入教学，无法回避。教师没有阅读就不可能在教学中驾轻就熟，教学智慧就无从谈起。有的教师教学时，如茶壶里煮饺子——有货出不来；有的教师肚子里墨水少，跟学生说来说去就那么一丁点东西。前者教学技艺差，后者知识储备少，两者都很难在教学中呈现教学的技艺。

"笔耕"就是写文章。教师可不能仅满足于课堂教学技能技巧的提高，不能只做一辈子教书匠，要善于思考，善于总结，思考提升境界，思想成就教育智慧。坚持写教学笔记，把每天的所闻、所见、所读、所思记录下来，从中提炼有价值的信息进行总结，触发灵感，并迁移运用到教育教学之中，做到"吾日三省吾身"，客观地回放教育教学，让自己有一个理性的思考过程，在此过程中发现优势和不足，并想办法进行解决，做到扬己长，改己短。思考之后要勤于动笔，将头脑闪现的瞬间灵感记录下来，聚沙成塔，积少成多，结合所读所思，逐渐就形成了自己的理论，有了自己的辨析能力。这样的文字是理论的积淀，是情感的升华，更是思想境界的提升。

理念决定思想，思想指导行动。教学机智是教师灵魂深处的教学观、学生观的外化行为，它要求教师不断地在实践中学习、思考、沉淀。